즐거운 동아시아사 수업

즐거운 동아시아사 수업

초판 1쇄 인쇄 2020년 6월 15일
초판 1쇄 발행 2020년 6월 25일

지은이 김은석
펴낸이 김승희
펴낸곳 도서출판 살림터

기획 정광일
편집 조현주
디자인 김경수

인쇄 · 제본 ㈜신화프린팅
종이 월드페이퍼(주)

주소 서울시 양천구 목동동로 293, 22층 2215-1호
전화 02-3141-6553
팩스 02-3141-6555

출판등록 2008년 3월 18일 제313-1990-12호
이메일 gwang80@hanmail.net
블로그 http://blog.naver.com/dkffk1020

ISBN 979-11-5930-147-6 (03910)

이 도서의 국립중앙도서관 출판예정도서목록(CIP)은 서지정보유통지원시스템 홈페이지
(http://seoji.nl.go.kr)와 국가자료종합목록시스템(http://www.nl.go.kr/kolisnet)에서
이용하실 수 있습니다. (CIP제어번호 : CIP 2020023831)

부모님, 선생님과 함께 읽는
한국, 중국, 일본, 몽골, 베트남의 역사 이야기

즐거운
동아시아사
수업

김은석 지음

살림터

머리말

    현재 고등학교에는 '동아시아사'라는 과목이 있습니다. 2012년 처음 생긴 과목으로 2013년에 실시된 수능부터 현재까지 사회탐구 선택 과목으로 출제되고 있는 수능 과목이기도 합니다. 동아시아사는 한국사를 바탕으로 중국사, 일본사, 유목민족사 등을 다루고 있기 때문에 그 분량이 세계사에 비하면 매우 적습니다. 그래서 현재는 많은 고등학교에서 내신 과목으로 선택하고 있으며, 수능에서도 세계사보다 더 많은 학생들이 응시하고 있는 상황입니다.

    동아시아사에서 다루는 한국사, 중국사는 익숙하게 느끼는 학생들이 많지만 일본사, 특히 유목민족사는 생소해하곤 합니다. 또한 동아시아 각국이 교류하는 국제적인 상황을 복잡하다고 여기거나, 여러 나라에서 발전한 성리학, 양명학, 고증학, 실학, 고학 등 사상들의 특징을 공부하는 것은 윤리 과목과도 연관이 있어 내용을 이해하기 힘들어하는 경우도 있습니다. 게다가 동아시아사 교과서들은 다른 한국사, 세계사 교과서들과 마찬가지로 어렵고 간략한 서술로 이루어져 있습니다. 처음 접하는 생소한 나라들의 역사를 너무 불친절하게 설명하고 있으니 학생들이 더욱 어렵게 느낄 수밖에 없는 것입니다.

저는 그동안 학생들이 좀 더 쉽게 한국사와 세계사를 이해할 수 있도록 여러 자료를 이용한 수업을 해 왔습니다. 재미있는 수업을 준비하며 자료를 만들어 학생들이 스스로 복습할 수 있도록 했습니다. 이러한 자료들을 바탕으로 『즐거운 세계사 수업』, 『한국사 리뷰』, 『응답하라 한국사 1, 2』 등의 책도 출간했습니다. 그러다 동아시아사를 어려워하는 학생들이 많은 것을 보고, 또다시 많은 자료들을 찾아서 수업 자료를 만들었습니다. 또 수능 기출 문제와 모의고사 문제들을 분석하여 동아시아사를 쉽게 이해할 수 있는 책을 준비해 왔습니다. 이 책이 바로 그 결실입니다.

이 책은 고등학교 2, 3학년에서 배우는 동아시아사 과정을 중심으로 동아시아의 자연환경은 물론 현대 동아시아의 경제, 정치, 사회의 변화까지를 담아냈습니다. I단원은 동아시아 각국의 형성 과정을 설명하였고, II단원은 동아시아 각국의 인구 이동, 국제 관계와 율령 체제, 유교, 불교 등의 전파 과정을 살펴보았습니다. III단원은 유목민족의 성장에 따른 동아시아 각국의 변화와 새로운 지배층의 성장과 성리학의 발전 과정을 알아보았으며, IV단원은 17세기 전후 동아시아 각국의 전쟁 이후 나타난 사회 변화와 상업, 새로운 유학, 서민 문화의 발전, 교역과 은의 유통 과정을 살펴보았습니다. V단원은 동아시아 각국의 개항 이후 열강의 침략과 그에 대항하는 근대화 운동, 일본의 침략 전쟁과 반전 운동 등을 설명하였고, VI단원은 제2차 세계대전의 전후 처리, 냉전 체제, 그리고 현대 동아시아의 경제, 정치, 사회의 변화를 살펴보았습니다.

  이 책을 통해 많은 학생들이 역사 공부의 지평을 넓히고, 우리나라와 가까운 나라들, 비슷한 문화 속에서 살아온 사람들에 대해 더 깊이 이해할 수 있기 바랍니다. 이 책이 출판될 수 있도록 많은 도움을 주시고, 애써 주신 도서출판 살림터 여러분께 깊은 감사의 말씀을 전합니다.

2020년 5월

김은석

I

동아시아 국가의 형성

01

동아시아의
자연환경

동아시아의 역사를 살펴보기 위해서는 먼저 동아시아가 어느 지역을 말하는지 알아야겠죠? 동아시아는 태평양에 접한 아시아의 동부 지역으로 서쪽으로는 티베트 고원으로부터 동쪽으로는 일본까지로 서쪽에서 동쪽으로 갈수록 점점 낮아집니다. 또한 북쪽으로는 몽골에서 시작하여 남쪽으로는 베트남까지를 포함하여 현재 우리나라(한민족), 중국(한족, 티베트족 등), 일본(일본민족), 몽골(흉노족, 몽골족), 베트남(비엣족)의 역사를 동아시아사라고 할 수 있습니다.

동아시아는 하나의 공통된 문화 요소를 공유하는 '동아시아 문화권'을 형성하고 있습니다. 특히 한자, 불교, 유교, 율령의 4요소를 동아시아 공통의 문화 속에서 찾아볼 수 있죠. 먼저 동아시아 각국은 현재까지도 한자를 사용하는 나라들이 많습니다. 예를 들면 한국, 일본, 베트남은 사람의 이름을 한자로 짓지만, 읽는 것은 고유어로 읽습니다. 다음으로 동아시아 각국에는 불교를 믿는 사람들이 지금도 많으며,

절, 불상, 탑 등 유적지는 더 많이 남아 있습니다. 또한 동아시아 국가들에는 여전히 유교 문화가 강하게 남아 부모님께 효도하는 문화나 노인들을 공경하고 배려하는 문화가 있습니다. 그리고 동아시아 각국의 고대사가 시작되면서 율령이 만들어지기 시작하여 20세기 초까지 율령에 의해 나라를 통치하는 지배 체제가 유지되었습니다. 이와 같이 동아시아는 한자, 불교, 유교, 율령의 4요소를 공유하는 '동아시아 문화권'이라고 할 수 있죠.

다음으로는 동아시아의 자연환경을 살펴보겠습니다. 동아시아 지역은 계절에 따라 방향이 바뀌는 계절풍의 영향을 강하게 받는 지역으로 겨울에는 차갑고 건조한 날씨, 여름에는 덥고 습한 날씨가 나타납니다. 대륙 내부로는 건조하고 연교차가 큰 대륙성 기후, 바다 쪽으로는 여름에 덥고 많은 비가 내리는 습한 날씨가 특징이죠. 또한 기후에 따라 중국 남부, 일본 남부, 베트남 등 벼 2기작 지역(1년 내내 고온에 강수량이 800mm 이상으로 풍부하여 벼농사를 1년에 2번 지음), 중국 화중, 한반도 중남부, 일본 혼슈에 이르는 벼농사 지역(4계절이 있고, 강수량이 800mm 이상), 한반도 북부, 중국 화북, 만주 남부, 일본 홋카이도 지역에 이르는 밭농사, 목축 지역(강수량이 400~800mm), 몽골 고원, 만주 북부 등 초원지대(강수량이 400mm 이하로 농사가 어려워 유목이 발달) 등으로 나뉘기도 합니다.

동아시아의 농경문화는 기원전 8000년경 황허강 유역에서 밭농사가 시작되었습니다. 가장 먼저 재배된 것은 조, 기장, 수수, 콩 등이었죠. 이후 기원전 6000년경 양쯔강 하류 지역을 중심으로 발달한 허무두 문화에서는 벼농사가 발달하였습니다. 동아시아 최초의 벼농사가 시작된 것입니다. 이렇게 농경문화가 발달하면서 사람들은 정착하

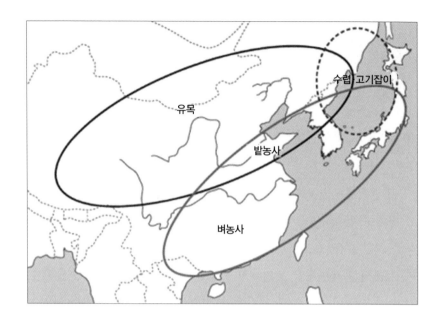

기 시작하였습니다. 농사일이 바쁜 농번기, 농사일이 한가한 농한기 등 생활의 규칙이 나타났으며, 공동 노동으로 농경을 하면서 공동체 사회 조직이 나타나기도 하였습니다. 또한 봄에 씨 뿌리면서 재생을, 가을에 수확하고 겨울에 농경을 쉬면서 죽음에 대한 관념이 나타났습니다. 또한 농경에 꼭 필요한 땅을 어머니처럼 모셔 숭배하는 지모(地母) 신앙이 나타나기도 하였습니다.

이에 반해 초원지대는 비가 거의 오지 않기 때문에 농사를 지을 수 없습니다. 유일하게 자라는 것이 풀이었죠. 그런데 풀을 먹고 자라는 것이 소, 말, 양, 염소 등 가축이었습니다. 초원지대에는 가축과 사람이 먹을 물이 부족했습니다. 그래서 오아시스처럼 물이 있는 곳을 따라 이동하며 목축을 하였는데, 이를 유목이라고 합니다. 유목민들은 가축의 고기와 젖을 식량으로 먹었으며, 가죽으로 옷, 모자를 만들었고, 털은 이동식 가옥인 게르의 바람막이 천이나 모직품을 만드는 데 이용되었습니다[가축의 고기를 먹고 젖을 마시며 그 가죽으로 옷을 만들어 입는다. 물과 풀을 찾아 철마다 옮겨 다니며, 성곽도 정주지도 경작지도 없다. 문서를 사용하지 않고 구두로 약속을 한다. 어린아이도 말을 타고 활을 쏘아 새나 쥐를 맞히고, 좀 더 자라면 여우나 토끼를 잡아 음식으로 하며, 장정은 강궁을 사용하고 모두 기병이 된다.-『사기』].

그러나 유목민들은 곡식 등 생필품이 부족하였기 때문에 농경사회와 무역이 필요하였습니다. 반면에 농경사회는 목축을 통해 고기와 가죽을 구할 수 있었으므로 유목민과의 무역이 꼭 필요하지는 않았습니다. 그래서 유목민들은 농경사회와 평화적으로 무역을 하기도 하였고, 기마 전술을 이용한 전쟁, 침략을 통해 농경사회를 약탈하기도 하였습니다.

02

동아시아의
선사문화

　동아시아 곳곳에서는 구석기인의 유골들이 발견되고 있습니다. 우리나라의 평양 만달리인, 중국의 베이징인, 일본 오키나와의 미나토가와인 등이 대표적이죠. 구석기 시대 사람들은 수렵(사냥), 어로(물고기 잡이)를 하거나 과일, 열매 등을 채집하여 먹고살았기 때문에 이동 생활을 하였습니다. 사냥감인 동물들이 이동을 하고 나무 열매 등을 모두 따 먹으면 다른 열매를 찾아 이동을 해야 했기 때문이었죠. 또한 인류는 언어를 만들어 서로 협동할 줄을 알았고, 불을 사용하기 시작하였습니다. 덩치가 작고 힘이 약한 인간들이 덩치가 크고 힘이 센 동물들을 잡아먹을 수 있었던 이유는 인간들이 언어로 힘을 합쳐 사냥을 하였고, 불을 사용하여 맹수들에게 두려움을 주었기 때문이죠.

　기원전 8000년경 동아시아 곳곳에서는 농경과 목축이 시작되었습니다. 농경과 목축을 하였기 때문에 사람들은 이제 한곳에 정착하여 살게 되었습니다. 농경은 조, 수수 등 곡식을 재배하는 일이기 때문에 한곳에 오래 머물러야 했죠. 또한 동물을 잡아 우리에 가둬 놓고 길들여서 새끼 때부터 키워서 잡아먹었기 때문에 이동할 필요가 없었습니다. 정착하게 된 사람들은 움집을 짓고 살기 시작하였습니다. 도구도 더 발달하여 더 날카로운 간석기가 만들어졌고, 흙으로 만든 그릇인 토기가 발명되었으며, 뼈바늘 등으로 옷, 그물 등을 제작하기도 하였습니다. 정착 생활과 농경, 목축으로 안정된 신석기인들은 인구가 증가하여 씨족 사회를 이루고, 씨족장의 힘이 점차 강해져갔습니다. 씨족장은 자연현상을 신으로 숭배하는 애니미즘이나 조상의 영혼을 모시는 제사 의식을 주도하기 시작하였죠.

중국 황허강 유역에서는 일찍부터 신석기 문화가 발전하고 있었습니다. 먼저 황허강 중류 지역을 중심으로 채도(채색 토기)를 사용하는 양사오 문화가 발달하였고, 나중에는 황허강 하류 지역을 중심으로 홍도를 사용하는 다원커우 문화가 흑도 중심의 룽산 문화로 발전하였습니다. 또한 양쯔강 하류에서는 벼농사가 시작되었고, 허무두 문화가 발전하였습니다. 흑도, 홍도가 사용되었고, 이 유적에서 발견된 돼지그림 토기를 통해 돼지, 개 등의 가축을 길렀다는 것도 알 수 있죠. 이후 허무두 문화는 옥기를 사용한 량주 문화로 발전됩니다. 한편, 랴오허강 유역에서는 홍산 문화가 발전하였습니다. 채도가 사용되었고, 돌보습, 돌쟁기 등 농기구가 사용되었습니다. 또한 돼지와 용을 본뜬 옥기, 여신의 얼굴상 등이 발견되어 여신, 용에 대한 숭배가 있었음을 알 수 있죠.

또한 한반도에서는 빗살무늬 토기를 대표로 하는 신석기 유적들이 강가나 바닷가에서 발견됩니다. 또한 일본 신석기 문화의 대표적 증거는 조몬 토기입니다. '조몬'은 '새끼줄 무늬'라는 뜻의 일본어입니다. 토

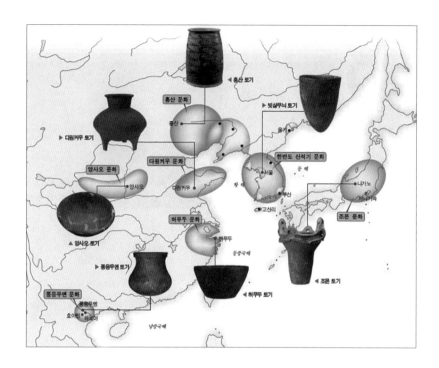

기 표면에 굵은 새끼줄 무늬가 새겨져 있어 붙은 이름이죠. 또한 여성의 모습을 흙으로 만든 인형인 토우(풍요를 기원하는 의미)도 발견되었습니다.

세발 토기
: 다원커우 유적지 출토

돼지그림 토기
: 허무두 유적지 출토

여신의 얼굴상
: 훙산 유적지 출토

여성 모습 토우
: 일본 조몬 시대 제작

용을 본뜬 옥기
: 훙산 유적지 출토

동아시아에서도 점점 기술이 발전하여 청동기를 사용하기 시작하였죠. 청동기는 주로 무기와 제사용 도구로 사용되었는데, 지배층만이 소유할 수 있는 귀한 물건이었기 때문에 지배층의 권위를 보여 주죠. 또한 농업 생산력 증가로 식량이 많아지면서 남는 식량, 즉 잉여 생산물이 발생하였습니다. 잉여 생산물을 차지한 사람들은 자신의 재산이 생기게 되었죠. 이를 사유 재산이라고 합니다. 점차 사유 재산이 많은 부자들과 가진 게 없는 가난한 사람들 사이에 빈부 격차가 생겼죠. 이러한 빈부 격차는 계급 분화로 이어졌습니다. 부자는 높은 사람, 가난한 사람들은 낮은 사람이 된 것이죠.

기원전 2000년경 황허강 유역에서는 청동기를 사용하는 얼리터우 문화가 나타났습니다. 사마천이 쓴 『사기』에는 중원 최초의 국가를 '하'라고 기록하고 있습니다. 그래서 얼리터우 문화는 하나라의 유적으로 추정되고 있답니다. 이 문화는 이후 상 왕조의 문화로 이어져 네발 달린 솥이 제사용 도구로 사용된 것이 대표적입니다. 또한 북방 초원지대에는 청동 무기, 히르기수르(돌무지 제사 유적), 판석묘(무덤 주위를 판석으로 둘러쌈), 사슴돌(사슴을 새긴 비석) 등의 청동기 문화가 남아 있습니다.

또한 만주, 한반도에서는 탁자형 고인돌과 비파형동검으로 대표되는 청동기 문화가 발전하였습니다. 이러한 청동기 문화를 바탕으로 건국된 나라가 바로 고조선입니다. 청동기 시대에 벼농사를 지었다는 증거 중에 반달돌칼이 있습니다. 벼를 수확할 때 쓴 반달 모양의 돌칼이죠. 일본에서는 동탁(청동으로 만든 종으로 기하학적인 무늬, 사람, 동물 등의 문양이 새겨져 있죠. 이것을 두들겨 농사의 풍요를 기원한다는 의미를 갖고 있습니다)으로 유명한 야요이 문화(청동기, 철기 문화)가 발달하였는데, 한반도에서 전해진 벼농사가 시작되었죠.

얼리터우 문화의 청동 술잔

상 왕조의 네발 달린 솥

야요이 문화의 동탁

사슴돌

청동 북

03

상 왕조의 신정 정치와
주 왕조의 봉건제

갑골문자를 통해 드러난 상 왕조

명문 해석
계미날 점쟁이
쟁(爭)이 신께 묻습니다.
열흘 동안 별일 없겠습니까?
삼일 을유날 저녁에
월식이 있을 것이다.

갑골문자는
한자의 기원이죠.

사마천의 『사기』에는 하 왕조가 기록되어 있습니다. 최근 얼리터우 문화에서 발견된 문자, 성벽 등을 하나라의 것으로 추정하고 있습니다. 하 왕조의 뒤를 이어 등장한 것이 상 왕조입니다. 상 왕조는 황허강 하류의 은허에서 갑골문자가 발견되면서 그 역사가 입증되었습니다. 갑골문자는 거북이의 배 껍질이나 동물 뼈 등에 새겨져 있는 문자로 점차 발전하여 현재의 한자로 변화하였죠. 상나라의 국왕은 전쟁 등 국가의 중요한 일이 있으면 정인(점쟁이)에게 점을 치게 하였는데, 그 점괘를 기록한 것이 바로 갑골문자입니다. 즉 상 왕조의 국왕들은 신의 뜻에 따라 나라를 다스리는 신정 정치를 하였던 것이죠.

기원전 11세기경에는 주 왕조가 상 왕조를 멸망시키고 호경을 도읍으로 삼았습니다[주(周)의 무왕(武王)은 상(商)을 멸망시키고 상의 도읍에서 제사를 지낸 후, 상 주왕(紂王)의 아들 녹보로 하여금 상의 백성을 다스리게 하였다. 그리고 무왕의 아우인 관숙과 채숙으로 하여금 이를 감독하게 하였다. 군사를 이끌고 돌아온 무왕은 새로운 도읍 호경을 건설하였다.-『사기』]. 주 왕조는 봉건제로 국가를 통치하였는데, 국왕은 호경 주변의 자신의 직할지만 통치하고, 각 지방에는 종법에 따라 제후를 봉하였죠[주의 무왕은 제후를 봉하고 종묘에서 사용할 제기를 나누어 주었으며, (중략) 사상보를 영구(營丘)에 봉하여 제(齊)라고 하였다.-『사기』. 주의 무왕은 상(商)을 정벌하였으며, 성왕은 천하를 안정시키고 밝은 덕을 가진 자를 뽑아 왕실의 울타리가 되게 하였다.-『좌전』]. 종법은 부계를 중심으로 한 가족, 친척의 혈연관계와 상속을 규정한 법입니다. 이와 같이 일부 공신들을 제외한 대다수의 제후가 국왕의 형제, 친척 등 혈연관계에 있었기 때문에 주나라의 봉건제를 혈연적(종법적) 봉건제라고 합니다.

주 왕조는 신정 정치를 했던 상 왕조를 멸망시켰기 때문에 자신들이 상 왕조를 대신하여 새로운 지배자가 된 이유를 설명해야 했습니다. 그래서 나타난 것이 바로 천명사상입니다. 천명(天命)은 '하늘의 명령'이라는 뜻이죠. '민심이 천심'이란 말이 있습니다. '백성들의 마음이 하늘의 마음'이란 뜻이죠. 즉 천명은 백성들을 덕으로 다스려 민심을 얻는 것입니다. 이를 덕치주의라고 합니다. 그런데 만약 국왕이 백성들을 덕으로 다스리지 않는다면 어떻게 될까요? 민심을 잃는 것은 천심을 잃는 것이기 때문에 국왕을 쫓아내고 새 왕조를 세우는 것이 당연하다는 논리입니다. 즉 덕치를 하지 않고 천명을 잃은 상 왕조가 망하고 주 왕조가 나타난 것은 천명에 따르는 일이라는 것이죠.

04

춘추 전국 시대의
혼란

전국 7웅

기원전 8세기경 주 왕조는 견융족의 침략을 당하여 호경을 떠나 동쪽으로 도망을 가서 뤄양을 도읍으로 삼았는데, 이때부터를 동주라고 합니다. 그러나 왕실은 살아남았지만 국왕의 권위는 땅에 떨어졌습니다. 이에 각 지방의 제후들이 각각의 독립국을 만들어 서로 전쟁을 일삼고 약한 제후국들을 통합하였는데, 이를 춘추 전국 시대라고 합니다. 즉 동주 시대가 춘추 전국 시대죠. 춘추 전국 시대는 크게 춘추 시대와 전국 시대로 나눌 수 있습니다. 춘추 시대의 춘추 5패(제의 환공, 진의 문공, 초의 장왕, 오의 부차, 월의 구천)는 존왕양이(주 왕실을 받들고 오랑캐를 물리치자는 주장)를 명분으로 내세워 제후국들의 동맹을 만들고 이끌었던 강한 제후국들을 말합니다. 이렇게 각지에서 통합이 이루어지면서 정리가 이루어져 전국 7웅이라고 하는 강한 제후국 7개가 살아남았는데, 이 시기를 전국 시대라고 하죠. 전국 시대에는 약한 제후국을 강한 제후국이 잡아먹는 약육강식이 더욱 심해졌으며, 가신들이 자신이 모시던 제후를 쫓아내고 권력을 차지하는 하극상이 벌어지기도 하였습니다.

춘추 전국 시대는 전쟁의 시대였습니다. 전쟁할 때 가장 필요한 것이 돈입니다. 무기, 말, 식량 등을 준비하기 위해서는 많은 돈이 있어야 합니다. 그래서 각 제후국들은 부국강병(국가를 부유하게 만들고 강한 병사를 양성하는 것) 정책을 추진하였죠. 부국강병을 위해서는 능력이 뛰어난 인재들이 필요하였고, 신분보다 개인의 능력을 위주로 인재를 뽑아 등용하였습니다. 이러한 배경 속에 나타난 인재들이 바로 사(士) 계층으로 특히 제자백가라는 사상가들이 나타나기도 했습니다.

춘추 전국 시대는 철기의 시대였습니다. 철제 무기로 전쟁을 하였고, 철제 농기구가 사용되면서 농업 생산력이 커졌습니다. 또한 소를 이용한 우경으로 농업 생산력은 더욱 커졌습니다. 이렇게 농업 생산력이 커지자 토지의 가치가 높아졌고, 토지를 사유 재산으로 삼는 토지 사유화가 활발하게 진행되었습니다. 농업 생산이 늘어난 결과 잉여 생산물이 증가하면서 상업도 발달하였습니다. 상업이 발달하면서 청동으로 제작된 도전, 포전 등의 화폐의 사용도 늘어났습니다.

05

진의 전국 통일과 한의 재통일

　전국 7웅 중 진은 법가 사상을 주장하였던 이사를 앞장세워 부국 강병을 추진하였습니다. 법가 사상은 엄격한 법률과 강력한 처벌을 통해 법질서를 바로잡으면 부국강병을 이룰 수 있다고 주장하였습니다. 법가에 따라 부국강병에 성공한 진은 나머지 여섯 나라를 차례로 멸망시키고 중국을 처음으로 통일하였고 황제란 칭호를 사용하였습니다. 그래서 '처음 시작한 황제'라는 뜻으로 '시황제'라고 합니다.

　진시황제는 전국 각지에 지방관을 파견하는 군현제를 실시하여 중앙 집권 체제를 확립하였죠. 또한 3공 9경의 관료제를 실시하였습니다. 춘추 전국 시대에 사용되던 여러 화폐들을 반량전으로 통일하였고, 지방마다 각기 달랐던 도량형과 문자도 통일하였죠. 심지어는 사상도 법가로 통일하여 분서갱유(焚書坑儒)를 일으키기도 하였습니다. 분서갱유는 '책을 불태우고 유학자들을 땅에 묻어버렸다'는 말입니다. 법가 이외의 모든 사상이 담긴 책들을 불태우고, 특히 유가 사상을 가진 유학

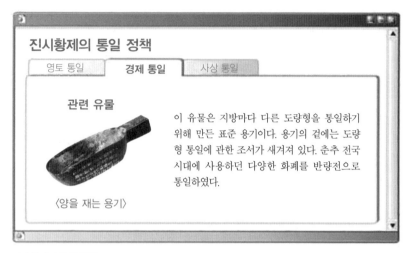

진시황제의 통일 정책

| 영토 통일 | 경제 통일 | 사상 통일 |

관련 유물

이 유물은 지방마다 다른 도량형을 통일하기 위해 만든 표준 용기이다. 용기의 겉에는 도량형 통일에 관한 조서가 새겨져 있다. 춘추 전국 시대에 사용하던 다양한 화폐를 반량전으로 통일하였다.

〈양을 재는 용기〉

진시황제의 통일 정책

자들은 모두 죽여 법가 사상을 유일사상으로 만들려고 했던 것이죠.

진시황제는 흉노족을 북쪽으로 몰아내고, 흉노족의 침략을 막기 위해 만리장성을 쌓았습니다. 그런데 진시황제는 만리장성, 아방궁(진시황제의 궁전), 진시황릉 같은 대규모 토목 공사를 벌이고, 무거운 세금을 착취하고, 법가 사상을 내세운 강력한 처벌 등 가혹한 통치를 하였습니다. 진시황제가 죽은 뒤 가혹한 통치에 대한 불만이 폭발하여 진승·오광의 난을 시작으로 전국적으로 반란이 일어나면서 멸망하고 말았습니다.

진이 멸망하자 중국은 다시 혼란 속으로 빠져들었고, 초나라의 항우와 한나라의 유방이 중국 전체를 차지하기 위해 다투었습니다. 결국 한의 유방이 승리하여 중국을 다시 통일하였습니다(기원전 202). 통일을 이룩하자 한고조(유방)는 군국제를 실시하였습니다. 군국제는 군현제와 봉건제를 절충한 것입니다. 즉 중앙의 황제 직할지는 지방관을 파견하여 군현제로 다스리고, 그 주변 지역은 공신들에게 봉토로 나누어주어 다스리게 하는 봉건제를 실시하였습니다.

장기는 초(楚)나라와 한(漢)나라의 대결이라는 실제 역사를 배경으로 만들어진 게임이죠?

네, 진(秦)이 멸망한 뒤 초의 항우와 한의 유방이 대결하여 한나라가 승리하였죠.

한나라는 한 무제 때 전성기를 이룩했습니다. 무제의 무(武) 자가 바로 무력(군사력)이라는 말입니다. 무제의 가장 큰 업적이 바로 무력을 통한 대외 침략이었음을 알 수 있죠. 먼저 한 무제는 중앙 집권 체제를 확립하기 위해 군국제를 폐지하고, 군현제를 전국적으로 실시하였습니다. 이렇게 권력을 강화한 한 무제는 대외 원정을 시작하였고, 많은 영토를 확보하였습니다.

전쟁을 하기 위해서는 돈이 많이 필요하였기 때문에 계속된 전쟁으로 국가 재정이 매우 악화되었습니다. 이를 해결하기 위해서 실시한 대책이 소금과 철의 전매, 균수법과 평준법을 실시하는 것이었습니다. 소금과 철은 풍부하게 존재하지만 사람들에게 꼭 필요한 것들입니다. 그래서 전매, 즉 국가만 판매하도록 만들어 국가의 이익이 크게 늘어났습니다. 또한 균수법, 평준법 등으로 국가가 유통을 통제하여 물가를 안정시키고 국가 재정을 강화하기도 하였죠.

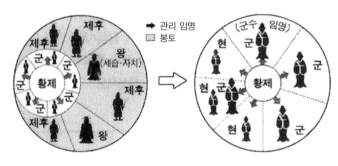

군국제 → 군현제

한 무제는 흉노를 협공하기 위해 장건을 대월지에 파견했어요.

한 무제는 대외 원정을 활발하게 전개하였지만 흉노족만큼은 정벌이 쉽지 않았습니다. 그래서 중앙아시아의 대월지와 힘을 합쳐 흉노족을 협공하자는 계획을 세웠습니다. 이를 위해 장건을 대월지에 사신으로 파견하였는데, 대월지까지의 길은 아무도 간 적이 없는 사막이었습니다. 장건은 사막을 거쳐 간신히 대월지에 도착하였으나 동맹을 맺는 것은 실패하였습니다[월지국과 공동 전선을 펴기 위해 장건을 월지국에 파견하였으나 (중략) 끝내 월지국의 동의를 얻지 못하였다.-『사기』]. 장건은 다시 한나라로 돌아와 자신이 갔다 왔던 사막길을 사람들에게 알렸습니다. 이를 계기로 사막길이 개척되었는데, 특히 중국의 비단을 무역하는 목적으로 이용된 길이라는 뜻에서 비단길(실크로드)이라고도 합니다.

또한 한나라의 지배층이었던 호족들은 대토지를 소유하고 농민들의 땅을 빼앗아 자신들의 땅을 더욱 늘려 나갔습니다. 이에 국가에서는 자영농을 늘리기 위해 한전책을 실시하였습니다. 한전책은 토지 소유의 상한선을 정해 놓아 호족들의 대토지 소유를 막고 농민들의 몰락을 막으려고 했던 제도였죠. 그러나 실제로는 별 효과가 없어서 호족들의 대토지 소유를 막을 수 없었습니다.

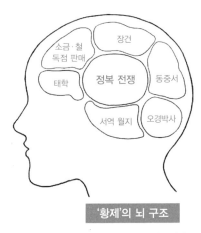

'황제'의 뇌 구조

위 그림의 황제는 한 무제입니다.

한 무제가 죽은 이후 한나라는 점차 망해 갔습니다. 결국 외척 왕망에 의해 전한은 멸망하고, 신(新)이 세워졌습니다(8). 그러나 왕망이 토지 국유화, 노비 매매 금지 등의 개혁을 실시하자 호족들이 개혁에 저항하였습니다. 호족들은 다시 유수(광무제)를 내세워 한을 부흥시켰습니다. 이를 후한이라고 합니다(25). 그러나 후한 역시 점차 나라가 망해갔고, 결국 황건적의 난을 시작으로 중국은 위, 촉, 오의 삼국 시대로 다시 분열되었습니다(220).

06

흉노, 고조선, 일본의
국가 성립

흉노 황금 머리 장식: 오르도스 지역에서 출토되었죠.

기원전 3세기 초원지대에서는 흉노가 초원 세계를 통일하고 최초의 유목민족 국가(여러 부족을 통합한 연맹체적 국가로 각 부족의 추장, 부족장 등의 권한이 강함)를 세웠습니다. 최고 통치자를 선우라고 하였으며, 그 아래에 좌현왕, 우현왕이 있어서 영토를 3분하여 다스렸죠. 또한 제후 성격의 여러 왕들 밑에는 십장, 백장, 천장 등의 하위 조직이 있었습니다. 기원전 3세기 말 중국을 다시 통일한 한나라 고조는 흉노와 대결하기 시작하였습니다. 그러나 강력한 흉노의 군사력에 기가 죽은 한나라는 흉노에게 비단과 화번공주(한족 왕조가 유목국가의 왕에게 바친 여인들)를 제공하며 평화 관계를 유지하였죠.

오랑캐 땅에서 보는 한(漢) 나라의 달/ 흐르는 그림자 왕소군을 비추누나/ 일단 옥문관을 오르면/ 멀리 떠나 돌아올 수 없다네./ 한 나라 달은 돌아와 동해에서 뜨건만/ 서쪽으로 시집간 왕소군은 돌아올 수 없구나.
　－이백, 「왕소군」(이 시의 '오랑캐 땅', '서쪽'은 흉노를 말합니다. 흉노에 화번공주로 보낸 왕소군을 소재로 당나라 때 이백이 쓴 시입니다).

'선우화친(單于和親)'이 쓰인 와당: 내몽골 출토. 흉노와 한나라가 형제 관계를 맺은 것을 기념하여 제작된 것으로 추정되죠.

우리 민족 최초의 국가인 고조선은 기원전 3세기 전국 7웅 중 하나인 연과 대립할 만큼 강한 나라였습니다[주(周)가 쇠하자 연(燕)이 스스로를 높여 왕이라 칭하였다. (중략) 연이 장군 진개를 보내어 조선의 서방을 공격해 영토를 빼앗았다.-『위략』]. 또한 8조의 법이 시행되었고, 상, 경, 대부 등의 관직을 설치할 정도로 국가 체제가 확립된 나라였습니다.

그러다가 진·한 교체기에 많은 유민들이 고조선으로 넘어왔는데 그중 위만 세력이 고조선으로 이주하였고, 고조선의 준왕을 몰아내고 왕이 되었습니다[위만은 무리 1천여 인을 모아 연에서 망명하였다. 그는 상투를 틀고 오랑캐의 옷을 입고, (중략) 옛 연, 제의 망명자들을 복속시켜 거느리고 조선의 왕이 되었다.-『사기』. 위만은 오랑캐의 복장을 하고 동쪽으로 패수를 건너 망명하여 준왕에게 항복하였다. (중략) 준왕은 백 리의 땅을 주어 서쪽 변경을 지키게 하였다. (중략) 오히려 준왕을 공격하였다. 준왕은 그와 싸웠으나 상대가 되지 못하였다.-『삼국지』. 위만이 왕이 되어 왕검성에 도읍하였을 때는 마침 천하가 안정된 무렵이었다. (중략) 그는 왕위를 아들에게 전하였고 손자 우거에게까지 전해졌다. (중략) 진국(辰國)이 글을 올려 천자를 보고자 해도 가로막아 통하지 못하게 하였다.-『사기』]. 위만의 집권 이후 고조선은 위만이 중국에서 가져온 철기 문화를 배경으로 더욱 발전하여 강력한 국가가 되었습니다.

이후 고조선은 한나라가 남방의 진과 직접 교역하는 것을 막고, 독점적인 중계 무역으로 많은 이익을 얻었습니다. 그러자 한나라의 무제는 경제적, 군사적으로 강력해진 고조선을 제거하기로 결심하고 대규모 침략을 시작하였습니다. 그 뒤 고조선은 1년 가까이 한나라의 군대에 맞서 잘 싸웠지만, 결국 지배층 내부의 분열로 한나라와 내통한 세력에 의해 우거왕이 암살되고, 왕검성이 함락되어 멸망하였습니다[기원전 108년.

한의 군사가 조선의 경계 지역으로 들어가자 조선 왕 우거는 군사를 발동하여 험준한 곳에서 항거하였다. 누선장군이 병졸 7,000여 명을 거느리고 먼저 왕검성에 이르렀다. (중략) 조선을 멸망시키고 낙랑과 임둔, 현도, 진번의 4군을 설치하였다.-『사기』. 한은 고조선의 멸망 후 고조선의 옛 땅에 한 군현을 설치하여 다스리고자 하였으나, 고조선 유민들의 강력한 투쟁으로, 한 군현은 얼마 못 가서 없어지거나 그 힘이 현저히 약화되었고, 결국 고구려의 끈질긴 공격으로 소멸되었습니다.

마지막으로 일본은 3세기에 야마타이국(히미코 여왕)을 중심으로 한 30여 개의 소국이 있었는데, 4세기경 야마토 정권이 수립되면서 고대 국가로 발전하기 시작하였습니다.

서술형 문제

※ 다음 표에 나타난 각국의 정치적 공통점을 서술하시오.

상	갑골문자
고조선	'단군왕검'의 칭호
야마타이국	'여왕 히미코는 기괴한 술법을 행하였다'라는 기록

정답 : 정치적 지배자가 제사장을 겸하였다.

II

동아시아 세계의 성립

01

동아시아 각국의
인구 이동

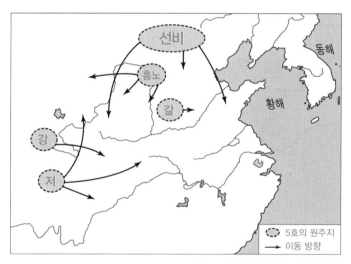

4~5세기 민족 이동

동아시아 각국에서는 인구 이동이 많이 벌어지기도 하였습니다. 기후 변화, 자연 재해, 인구 증가 등으로 다른 곳으로 떠나기도 하고, 이민족의 침략, 전쟁, 정치적 갈등 등으로 인구 이동이 일어나기도 하였습니다.

먼저 만주의 쑹화강 유역에서 발전하던 부여족의 일부는 기원전 1세기경 압록강 중류 졸본 지방으로 이동하여 고구려를 건국하였고, 고구려의 일부는 다시 한강 유역으로 남하하여 백제를 건국하였습니다. 특히 고구려의 장군총과 백제의 석촌동 고분군이 모두 돌무지무덤으로 두 나라의 지배층이 같은 계통임을 보여 주고 있죠.

인구의 이동

중국의 삼국 시대는 사마염이 위나라를 진으로 바꾸고 삼국을 통일하였죠. 그러나 곧 5호(선비, 흉노, 갈, 저, 강 등의 북방 민족)가 침입하여 진이 멸망하고, 한족들은 강남 지방으로 도망가서 동진을 세웠습니다. 중국의 화북 지방을 차지한 5호는 서로 나라를 세워 16국을 세우는 등 혼란스러운 시대가 나타났는데, 이를 5호 16국 시대라고 합니다[진(晉) 원강 연간에 흉노의 학산이 상당을 공격하여 차지하였다. 다음 해 학산의 동생인 학도원이 강족을 이끌고 내려왔다. 이후 중원을 차지하는 북방 오랑캐가 점점 많아져 나라가 크게 혼란해졌다.-『진서』, 진(晉) 영가 연간(307~313)에 세상이 크게 어지러워 회수(화이허 강) 북쪽의 유민들이 회수와 장강(양쯔강)을 건너서 진릉군의 경계에 머물렀다.-『송서』]. 이후 선비족이 세운 북위가 5호 16국을 통일하여 북위로부터 북조가 시작되었고, 강남 지방에서는 동진 이후 송, 제, 양, 진의 한족 왕조가 남조를 이루며 북조와 대립하게 되었습니다.

일본은 3세기에 야마타이국을 중심으로 한 30여 개의 소국이 나타났습니다. 야마타이국의 히미코 여왕은 중국 삼국 시대의 위나라에 사신을 보내 '왜왕'이라는 칭호를 받기도 하였죠. 한편 고구려, 백제, 신라, 가야 사이에서는 서로 전쟁을 벌이는 등 혼란스러운 상황이 벌어졌습니다. 그래서 이를 피해 일본 열도로 건너간 사람들이 나타났는데, 이들을 '왜로 건너온 사람'이라 하여 '도왜인(도래인)'이라고 합니다. 이러한 도왜인들의 영향으로 일본에는 야마토 정권이 나타났습니다. 이를 보여 주는 것이 바로 4세기 전후에 만들어진 전방후원분입니다. 전방후원분은 앞은 사각형, 뒤는 원형의 거대한 무덤으로 당시 야마토 정권 지배자의 무덤으로 추정됩니다.

전방후원분

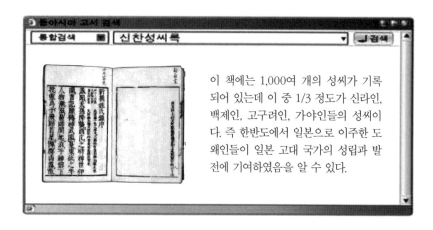

이 책에는 1,000여 개의 성씨가 기록되어 있는데 이 중 1/3 정도가 신라인, 백제인, 고구려인, 가야인들의 성씨이다. 즉 한반도에서 일본으로 이주한 도왜인들이 일본 고대 국가의 성립과 발전에 기여하였음을 알 수 있다.

일본 오사카 지역 곳곳의 백제 관련 명칭들은
백제에서 일본으로 건너온 도왜인들이 오사카에 많이
정착하였음을 보여 주죠.

일본 오사카에서는 매년 11월에 '시텐노지 왓쇼이' 축제가 열립니다. 이 축제에서는 "왓쇼이"라고 외치며 배 모양의 가마를 끄는 퍼포먼스를 합니다. 그런데 '왓쇼이'란 말이 한국어 '왔소'에서 유래했다는 설이 있습니다. 즉 한반도에서 건너간 도왜인들이 일본에 도착한 것을 기념하는 축제라는 것이죠.

동아시아 각국의
통일과 전쟁

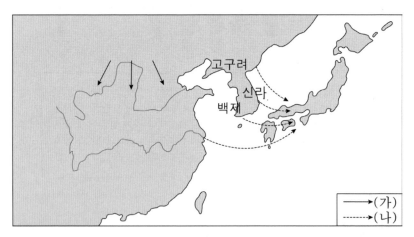

4~6세기 인구 이동

(가)는 유목민족이 남하하여 5호 16국 시대를 거쳐 북위로 통일하는 과정을 보여 주며, (나)는 한반도와 중국으로부터 일본으로 건너간 도래인(도왜인)의 이동으로 한자, 유교 등이 전파되는 과정을 보여 주죠.

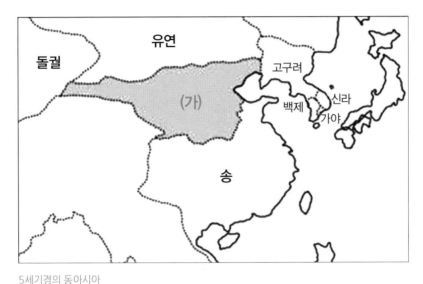

5세기경의 동아시아

위 지도의 (가)는 북위입니다.

　북위의 효문제는 적극적인 한화 정책(호한 융합)을 펼쳤습니다. 5호 16국은 유목민족이 세운 나라들이었기 때문에 원주민인 한족들과 문화적 갈등이 많았습니다. 그래서 효문제는 한족과의 갈등을 줄여 정권을 안정시키려는 의도에서 한화 정책을 폈던 것이죠. 먼저 중국식 관제와 복식을 받아들이고, 조정의 용어를 중국어로 바꾸고, 선비어 사용을 금지하였죠. 황실의 성씨인 '탁발'도 중국식 성씨인 '원'으로 바꿀 정도였고, 선비족과 한족의 결혼을 장려하기도 하였습니다. 또한 효문제는 유목민족의 정착과 자영농을 늘리기 위해 균전제를 실시하였습니다. 균전제는 나라에서 성인 남녀에게 토지를 분배하여 자신의 땅을 갖고서 농사짓는 자영농을 육성하는 제도였죠. 그리고 부족 단위 행정 체제를 폐지하고, 중국식 군현 단위 행정 체제로 재편하였습니다.

이제 호한 융합을 철저히 하시오.
선비어 사용을 금하고, 한족의 언어만
사용하도록 하시오. 선비족과 한족 간의
결혼도 장려하시오.

말씀하신 대로
하겠사옵니다.

　　한편, 강남 지방으로 도망간 한족들은 동진을 세우고, 양쯔강 유역을 개발하기 시작하였습니다. 본격적인 수리시설 확충, 늪지대의 물 빼기 작업 등 강남 개발이 이루어지면서 벼농사가 보급되어 강남 지방의 경제력이 강화되었습니다. 이후 강남 지방에서는 동진 → 송 → 제 → 양 → 진으로 왕조가 변화하였는데, 이를 남조라고 합니다. 그래서 이시기를 화북 지방의 북방 민족이 세운 북조와 강남 지방의 한족 왕조인 남조가 대립하던 시기라 하여 남북조 시기라고 부릅니다.

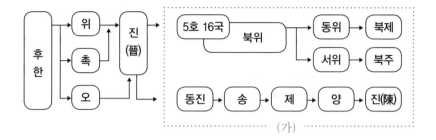

(가) 시기를 남북조 시기라고 합니다.

6세기 말 남북조를 통일한 수나라 문제와 이어 즉위한 양제는 고구려를 멸망시키기 위해 침략하였지만 모두 실패하였습니다. 이에 이연(고조)은 수를 멸망시키고 장안을 도읍으로 하여 당을 건국하였습니다. 그 뒤를 이어 즉위한 태종은 율령 체제를 완성하였습니다. 이러한 당나라의 통치 체제는 이후 왕조들의 기본적인 통치 체제가 되었고, 우리나라, 일본, 베트남 등 여러 나라 등에도 큰 영향을 주어 '동아시아 문화권'을 형성하기도 하였습니다. 당나라 장안에는 외국의 사신, 유학생, 상인, 승려 등이 몰려와 국제 교류가 이루어지고 국제적인 문화가 발전하였습니다. 이러한 문화가 동아시아 각국으로 전파되어 한자, 불교, 유교, 율령의 4요소를 특징으로 하는 '동아시아 문화권'이 발전하였죠.

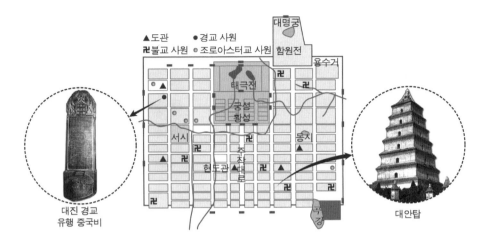

당나라 장안성: 대진 경교 유행 중국비는 경교, 즉 네스토리우스교(크리스트교의 일파) 관련 비석이고, 대안탑은 현장이 인도에서 가져온 불경을 보존하기 위해 세운 탑이죠.

발해 상경성

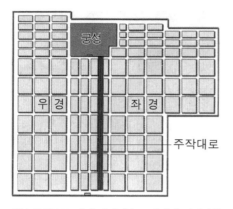

일본 헤이조쿄: 당의 장안성을 모방하여 건설되었죠.

　또한 당의 수도 장안성은 주변국의 수도 건설의 모델이 되어 발해의 상경성, 일본의 헤이조쿄, 헤이안쿄 등이 건설되었습니다. 이러한 당나라의 국제적 문화는 동아시아 각국의 국제 교류를 활발하게 만들었습니다. 당나라의 감진은 일본에 계율, 불상, 불경을 전했습니다. 신라의 혜초는 인도 순례 후 『왕오천축국전』을 저술하였고, 장보고는 당나라에서 신라로 돌아와 청해진을 설치하고 신라, 당, 일본을 잇는 해상 무역을 장악하였으며, 최치원은 당나라에서 유학하면서 빈공과에 합격하여 관리 생활을 하면서 황소의 난이 일어나자 「토황소격문」을 쓰기도 하였습니다.

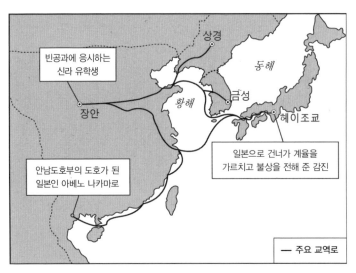

빈공과에 응시하는
신라 유학생

상경

동해

장안

황해

금성

헤이조쿄

안남도호부의 도호가 된
일본인 아베노 나카마로

일본으로 건너가 계율을
가르치고 불상을 전해 준 감진

— 주요 교역로

당나라의 개방성과 국제인의 활동

한편, 베트남 출신의 크엉꽁푸, 크엉꽁푹 형제는 당나라에 건너가 뛰어난 문장을 자랑하며 재상의 자리까지 올라 활약하기도 하였습니다. 또한 일본은 당나라에 견당사라는 사신을 파견하였고, 아베노 나카마로는 당나라에 건너가 빈공과에 합격한 후 안남도호부(베트남)에 도호로 파견되어 활동하였으며, 엔닌은 당나라 여행 후 『입당구법순례행기』를 저술하기도 하였습니다. 또한 티베트 고원에서는 7세기 토번이 라싸를 중심으로 성장하여 송첸캄포 왕이 당나라를 압박하여 화번공주를 제공받기도 하였습니다.

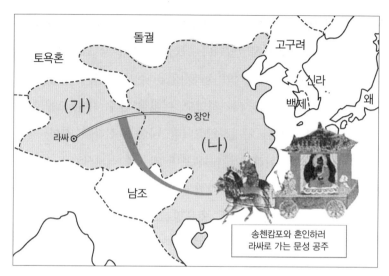

송첸캄포와 혼인하러
라싸로 가는 문성 공주

(가)는 토번, (나)는 당입니다.

당번회맹비: 9세기 토번과 당이 평화 협정을
맺고 국경선을 확정하며 건립한 것으로 라싸
의 조캉 사원 옆에 있습니다.

한반도에서 백제는 4세기 근초고왕이 영토 확장을 하면서 삼국 중 가장 먼저 전성기를 이룩하였습니다. 그러나 4세기 말 고구려의 광개토대왕은 즉위하자마자 대대적인 정복사업을 추진하였습니다. 먼저 백제를 공격하여 한강 이북을 차지하였고, 이어서 만주 지방, 요동 지방에 이르는 거대한 영토를 차지하였습니다. 나아가 신라를 가야, 왜의 연합 세력이 공격하자 신라에 군대를 보내 왜구를 격퇴시키고 가야까지 공격하여 고구려의 영향력을 한반도 남부까지 확대하였습니다. 이를 보여 주는 대표적 유물이 바로 호우명 그릇입니다. 이것은 경주 호우총에서 발견된 청동 그릇으로 광개토대왕의 칭호가 그릇 밑바닥에 새겨져 있죠. 광개토대왕, 즉 고구려의 영향력 아래에 신라가 있었다는 것을 보여 주고 있습니다.

이후 고구려는 장수왕의 남하 정책(수도를 평양으로 천도)으로 백제와 신라를 압박하였습니다. 그 결과 백제는 한강 유역의 한성을 잃고, 웅진(현재의 충남 공주)으로 서울을 옮기는 신세가 되었습니다(475). 그러나 백제는 고구려에 맞서기 위해 중국의 남조, 일본의 야마토 정권과 교류를 하며 세력을 유지하였습니다. 한편, 신라는 지증왕 때 국호를 '신라'로 바꾸고, '왕'이란 칭호를 사용하기 시작했습니다. 진흥왕 때는 영토 확장을 많이 이루었는데, 특히 한강을 차지하여 서해를 통해 중국과 직접 교류할 수 있는 유리한 발판이 되었습니다.

일본에서는 4세기 야마토 정권이 나타나 중국 남조에 사신을 보

스에키 토기

내 '왜국왕'이라는 칭호를 받기도 할 정도였죠. 또한 야마토 정권은 중앙 귀족과 지방 호족에게 성(가바네)을 하사하는 씨성 제도를 만들어 왕권을 강화하였습니다. 또한 가야의 문화적 영향을 받기도 했는데, 대표적인 것이 가야 토기의 영향을 받아 스에키 토기가 만들어진 것입니다. 야마토 정권의 쇼토쿠 태자는 아스카 문화를 발전시키면서 왕권을 강화하였습니다. 그리고 645년 당나라 유학생 출신들이 중심이 되어 정변을 일으켰는데, 이를 다이카 개신이라고 합니다. 이를 계기로 일본은 '일본'이라는 국호를 사용하기 시작했고, '천황'이란 칭호를 쓰면서 국왕 중심의 중앙집권제 국가가 시작되었는데, 8세기 초 율령을 반포하면서 중앙 집권 체제를 완성하였습니다.

다시 한반도로 돌아갑시다. 신라의 김춘추는 백제를 멸망시키기 위해 당으로 건너가 도움을 요청하였죠. 고구려를 멸망시키려 노리고 있던 당은 신라의 제안을 받아들여 백제, 고구려를 치는 것에 합의하였습니다. 먼저 백제의 사비성(현재 충남 부여)이 함락되면서 백제는 멸망하였습니다. 이에 백제 부흥 운동을 돕기 위해 왜에서는 수군을 파견하였는데, 백강 전투에서 패하면서 백제 부흥은 완전히 실패로 돌아갔습니다. 이때 백제의 지배층 일부가 일본으로 건너가기도 하였습니다

[백제가 신라 장수의 목을 베었다는 소식을 전해 들은 신라는 곧장 백제를 공격하기로 하였다. 이에 백제 왕(부여풍)은 신라의 계략을 알고서 장수들에게 "지금 들으니 일본의 장수 여원군신이 용사 1만여 명을 거느리고 우리를 구원하기 위해 바다를 건너오고 있다. 이에 미리 계획을 세워 두기 바란다. 나는 직접 백강에 나아가 일본군을 기다릴 것이다"라고 말하였다. (중략) 당의 장군은 전함 170척을 이끌고 백강에 진을 쳤다. 일본의 수군 중 처음 도착한 배들이 당의 수군과 교전하였지만 일본이 불리하여 후퇴하였다.-『일본서기』, 천지 4년(665), 좌평 복신의

공으로 달솔이었던 귀실집사에게 소금하(小錦下)의 관위를 내렸다. 또한 백제의 남녀 백성 400여 인을 신전군(神前郡)에 살게 하였다.-『일본서기』].

백제 멸망에 이어서 고구려도 당과 신라의 협공으로 멸망하였습니다 [왕이 연남산을 보내 수령 98인을 거느리고 백기를 들고 당의 이적에게 나아가 항복하게 하였는데 (중략) 총장 2년(669) 당 고종이 고구려인 38,300호를 강남, 회남, 산남, 경서 등의 빈 땅으로 옮겼다.-『삼국사기』]. 당은 백제를 멸망시키자 백제 땅에 웅진 도독부 등을 설치하고 백제 땅을 지배하려는 야심을 보이기 시작하였습니다. 고구려가 멸망하자 역시 안동 도호부 등을 설치하여 고구려 땅을 지배하려 하였습니다. 심지어 신라의 경주에도 계림 도독부를 설치하고 한반도 전체를 차지하려는 야욕을 보였습니다. 이에 신라는 백제, 고구려 유민들과 힘을 합쳐 당에 맞서 나당 전쟁을 벌여 결국 당군을 한반도에서 몰아냈습니다. 마침 토번(티베트족)이 당과 한편이었던 토욕혼을 멸망시키고 비단길을 장악하자 당군은 토번과의 전쟁에 집중하기 위해 한반도를 포기하였던 것입니다.

당의 영주(요서 지방)에 끌려와 살고 있던 고구려 유민들이 탈출하여 고구려 장군 출신이었던 대조영을 중심으로 나라를 세운 것이 바로 발해입니다. 대조영은 당군의 추격을 물리치고 고구려 유민과 말갈인을 이끌고 이동하여 동모산 기슭(현재 길림성 돈화시)에서 발해를 건국하였습니다(698). 발해는 일본에 보낸 외교 문서에서 자신들의 나라 이름을 고려(고구려의 준말)라 하고, 왕을 고려국왕이라고 하여 고구려를 계승하였음을 명백히 밝히고 있습니다.

이와 같이 인구 이동과 전쟁은 철기 문화가 전파되는 배경이 되었습니다. 철이 나는 지역과 기술자를 확보하기 위해 전쟁을 벌이기도 하였죠. 동아시아 철기 문화의 전파 경로는 중국 화북 지역 → 만주, 한반도 북부 → 한반도 남부 → 일본인데, 이 경로는 인구 이동 경로와 일치합니다. 또한 가야는 풍부한 철을 바탕으로 제련 기술자들이 덩이쇠를 생산하였으며, 이를 낙랑, 왜 등에 수출하며 교역의 중심지가 되었습니다.

동아시아 각국의
국제 관계

위와 같은 국제 관계를 조공·책봉 관계라고 합니다.

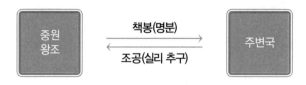

| 중원
왕조 | 책봉(명분) →
← 조공(실리 추구) | 주변국 |

조공·책봉 관계의 원조는 주나라의 봉건제입니다. 주나라의 왕은 제후들을 책봉하여 영토 지배를 인정하였습니다. 반대로 제후들은 왕에게 예물(특산물)을 정기적으로 바치는 조공을 하였죠. 이러한 조공·책봉 관계는 한나라 이후 중국과 주변국 사이에 적용되기 시작하였습니다. 그리하여 중국의 황제는 주변국의 왕들을 책봉하고, 주변국에서는 중국에 사신을 보내 조공(연예인 스타들에게 팬들이 선물하는 것을 조공이라고 하죠? 이러한 뜻에서 생긴 말입니다)을 바쳤습니다. 그런데 조공을 바치면 중국에서는 회사라고 하여 조공 물품보다 몇 배가 많은 물품을 주어 돌려보냈기 때문에 주변국들은 큰 이익을 보게 되었죠. 한마디로 주변국들은 무역 흑자를 보았고, 중국은 무역 적자를 보게 되었던 것이죠.

한고조는 흉노와 결전을 벌였던 백등산 전투에서 대패를 당하는 '평성의 치욕'을 당하였습니다. 한고조는 수십만 대군을 이끌고 흉노의 군대를 쫓았으나 흉노의 묵특 선우는 오히려 백등산에서 한나라 군대를 포위했습니다. 죽을 고비를 넘기고 탈출한 한고조는 흉노의 침략을 막기 위해 흉노와 형제 관계를 맺고, 비단, 화번공주 등을 제공하며 평화를 유지했습니다[묵특이 흉노의 선우가 된 후 종종 한의 땅을 넘나들며 침범하였다. 한이 이를 우환으로 여겨 종실의 공주를 묵특 선우의 연지로 삼게 하고, 솜과 비단, 술, 식량 등 일정액을 매년 보내고 형제의 나라가 되기로 약속하였다. 이에 묵특 선우는 침범하는 것을 잠시 멈추었다.-『사기』. 한 왕조가 흥기

할 무렵 흉노의 묵특 선우가 강대해지기 시작하였다. 그는 동호를 격파하고 월지의 수령을 생포하고 토지를 병탄했다. 땅이 커지고 군사가 강해지자 중국의 우환거리가 되었다.-『한서』]. 그러나 한 무제가 정복 전쟁으로 고조선, 남비엣 등을 멸망시킨 이후 한나라는 강력한 무력을 바탕으로 주변국과 조공·책봉 관계를 맺기 시작하였습니다.

중국은 주변국과의 관계에 따라 다른 조공·책봉 관계를 맺었습니다. 먼저 한반도, 왜의 나라들과는 조공·책봉 관계를 맺어 문화, 제도, 기술 등을 교류하였습니다. 그러나 흉노, 서역 등 유목민족과는 조공·책봉 관계를 맺지 않고, 조공으로 포장된 무역만 이루어졌습니다. 다시 말해 조공·책봉 관계는 중국이 위에 있고, 주변국이 아래에 있는 상하 관계가 아닙니다. 서로의 국가적 이익을 목적으로 한 의례적 관계였던 것이죠.

한위노국왕 금인: 후한 때 왜의 노국 왕에게 하사한 금 도장이죠. 후한이 왜와 조공·책봉 관계를 맺었음을 보여 주죠.

남북조 시대에는 남조와 북조가 대립하면서 주변국들과 조공·책봉 관계를 맺으며 서로 견제하기도 하였습니다. 먼저 남조의 동진은 선비족 모용씨와 토욕혼의 군장에게 군사권과 행정권을 인정하는 관작을 주어 북조를 견제하였습니다. 즉 유목민족인 북조를 같은 유목민족인 모용씨와 토욕혼을 이용하여 견제하는 이이제이였죠. 이이제이는 오랑캐를 이용하여 오랑캐를 견제한다는 뜻입니다.

한편, 북조는 유목민족이라는 정통성의 약점을 극복하기 위해 조공·책봉 관계를 활용하였습니다. 6세기 몽골 지역에서는 돌궐이라는 새로운 유목민족이 강자로 등장하였습니다. 이에 북조의 북주와 북제는 돌궐을 서로 자기편으로 만들기 위해 돌궐의 공주를 왕비로 삼으려고 하는 경쟁을 벌였습니다. 돌궐은 유목민족 최초의 문자인 돌궐 문자를 남겼으며, 8세기경 오르콘강 유역에 세워진 돌궐의 비석들을 통해 그들의 사회 모습을 살펴볼 수 있습니다.

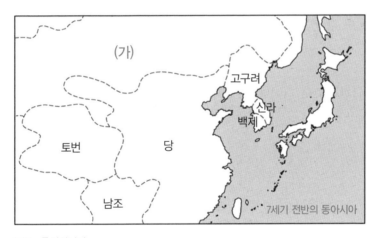

(가)는 돌궐입니다.

이와 같은 문화유산을 남긴 돌궐은 6세기 후반에 동·서로 분열하였습니다. 돌궐 문자를 사용하였으며, 당나라로부터 화번공주를 맞이하기도 했습니다.

북방 지역에서 흥망한 국가들

톤유쿡 비   퀼 테긴 두상

톤유쿡 비는 돌궐의 장군 톤유쿡의 업적을 돌궐 문자로 기록했습니다. 퀼 테긴 두상은 돌궐의 장군 퀼 테긴의 얼굴이 조각된 석상으로 퀼 테긴 기념비에는 그의 업적이 돌궐 문자와 한자로 기록되어 있습니다.

다시 한반도로 갑시다. 고구려는 중국 남북조의 대립을 이용하여 남조, 북조와 모두 조공·책봉 관계를 맺어 중국의 분열을 역이용하였습니다[고구려의 장수왕이 사신을 보내 공물을 바쳤다. 고구려와 남제 사이에는 바다를 건너는 사신의 왕래가 줄곧 있었다. 고구려는 북위에도 따로 사신을 보냈는데, 그 세력이 강성하여 이를 막을 수 없었다. (중략) 남제의 사신이 북위에 갔을 때 고구려의 사신과 나란히 앉게 되었다.-『남제서』]. 백제는 북위에 조공하기도 하였으나 주로 남조와 조공·책봉 관계를 맺어 불교, 유학, 건축 등 문화를 수입하였고, 왜에 불교 등 각종 문화를 전파하였습니다. 신라는 처음에 백제의 도움을 받아 남조와 조공·책봉 관계를 맺었고, 한강 유역을 차지한 6세기 이후 중국과 직접 교류를 하며 조공·책봉 관계를 맺었습니다.

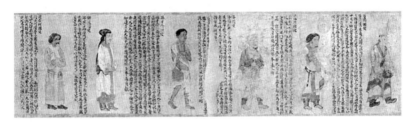

양직공도: 중국 남조 양나라에 온 외국 사신들의 모습과 그 나라의 풍습을 소개한 그림이죠. 당시의 조공·책봉 관계를 살펴볼 수 있는 자료입니다.

　왜는 야마타이국 이후 야마토 정권까지 중국으로부터 책봉을 받아 정치적 정통성을 인정받는 것이 주된 관심사였습니다. 특히 5~6세기에는 직접 남조와 조공·책봉 관계를 맺었으며[대명 6년 조칙을 내려 말하기를, "왜왕의 세자 흥은 여러 해 동안 충성을 하고, 해외에서 (천자의) 울타리가 되어 교화를 받아 변경을 편안히 하였고, 공손히 조공국으로서의 역할을 다했다. 새로이 변경의 왕업을 이었으니 마땅히 작호를 내리되, 안동장군 왜국왕으로 한다"라고 하였다.-『송서』], 백제, 신라와 사신을 교환하기도 하였습니다.

　돌궐, 위구르, 토번 등 유목민족들이 강성하자 수, 당은 비단, 화번공주 등을 제공하며 평화를 유지하였습니다. 그러나 당의 군사력이 강해지면서 이이제이 정책을 펴기 시작하였습니다. 돌궐의 군장들에게 비단, 작위 등을 주며 우호 관계를 맺어 같은 유목민족인 위구르와 토번을 견제하기도 하였죠. 그러나 8세기 후반 이후 당이 쇠퇴하면서 토번, 위구르가 강성해져 당은 비단 등 각종 물품을 보내고, 화번공주를 파견하여 평화를 유지하였습니다.

　나·당 전쟁 이후 관계가 악화되었던 당과 신라는 다시 조공·책봉 관계를 맺었습니다. 신라는 사신, 유학생, 승려, 상인 등이 당나라를 왕래하였고, 특히 산둥반도 등 중국 동해안에 형성된 신라인들의 집단 거주지인 신라방이 나타났으며, 신라소(신라인들의 자치 기관), 신라원(신라인들의 절) 등이 생겼습니다. 한편, 발해도 당과 조공·책봉 관계를 맺었습니다[예종은 대조영을 좌효위원외대장군 발해군왕으로 삼았고 (중략) 이로부터 대조영은 매년 사절을 보내 조공하였다.-『구당서』]. 특히 발해 문왕 때 친선 관계를 맺은 이후 당은 발해 사신들을 접대하기 위해 발해관을 설치하여 우대하였습니다.

삼국 통일 직후 신라와 일본은 사이가 좋지 않았지만 일본이 견신라사를 파견하는 등 사신과 상인이 왕래하면서 관계가 회복되었습니다. 그래서 의상의 화엄 사상이 일본 화엄종에 영향을 주었고, 원효의 저술이 일본에서 널리 읽히기도 하였습니다. 발해와 일본은 신라를 견제하기 위해 사신과 상인이 자주 왕래하면서 긴밀한 외교 관계를 유지하였습니다. 또한 신라와 발해 역시 신라도라는 교역로를 통해 왕래하면서 교류를 하였습니다.

이러한 조공·책봉 관계를 중국 이외의 주변국들이 자국 중심의 조공·책봉 관계로 활용하기도 하였습니다. 광개토대왕릉비의 기록을 보면 고구려가 스스로 천손 국가(시조 주몽이 하늘의 후손이므로 천손이 다스리는 국가라는 뜻이죠)라는 자부심을 갖고 독자적 천하관을 과시하고 있음을 알 수 있습니다. 중국의 황제와 비슷한 개념의 '태왕'이란 칭호를 사용하였으며, 독자적 연호를 사용하기도 하였습니다[수 문제가 "고구려 왕이 해마다 사신을 보내 항상 조공하지 않으며, 번부라 칭하지만 성절을 다하지 않는다"라며 책망하였다.-『수서』]. 또한 '백제와 신라가 조공을 바쳤다'는 내용으로 보아 고구려 중심의 조공·책봉 관계를 주변국과 맺기도 하였음을 알 수 있죠.

백제도 마한의 소국들을 남만(남쪽 오랑캐)이라 부르며, 탐라(제주도)

로부터 조공을 받았습니다[백제 개로왕이 북위에 사신을 보내 "지금 만약 고구려를 치지 않는다면 앞으로 후회하게 될 것입니다"라고 표문을 올렸다. 그러나 북위는 요청을 받아 주지 않았다. 이에 개로왕이 이를 원망하며 조공을 중단하였다.-『삼국사기』. 즉 백제가 북위에게 고구려를 공격해 달라고 요청했지만 받아들여지지 않자 조공을 중단하였다는 것이죠. 즉 자국의 이익을 위해 조공을 했던 것이므로 자국의 이익에 맞지 않으면 조공을 중단했던 것입니다]. 신라 역시 독자적 연호를 사용하고, 탐라로부터 조공을 받았으며, 주변국들로부터 조공을 받는 나라로 자부하였습니다. 발해는 독자적인 연호(인안, 대흥)를 사용하였는데, 이는 중국과 발해의 지위가 대등하다는 발해인들의 의식을 보여 줍니다. 연호는 원래 황제만이 쓰는 것이니까 발해도 황제국이라 이겁니다.

일본은 다이카 개신 이후 일본의 왕을 '해가 뜨는 곳의 천자'라고 하며 중국의 천자(황제)와 대등하다는 인식을 갖기 시작했습니다. 삼국 통일 이후 통일 신라와 적대적이었던 일본은 다시 외교 관계를 회복하여 견신라사를 파견하고, 신라 역시 일본에 사신을 보내(신라의 사신들은 규슈의 다자이후를 통해 일본에 들어갔습니다. 다자이후는 한반도와 중국의 외교 사신들을 영접하는 행정기관이었죠) 화엄경 등 불경, 가야금, 먹, 유기, 가위 등 선진 물품을 전해 주기도 하였는데, 현재 도다이사(東大寺) 쇼소인에 보관되어 있죠. 그런데 일본이 갑자기 신라를 일본의 조공국으로 취급하였습니다. 이에 화가 난 신라는 일본과 교류를 중단하여 두 나라의 사신 교환은 8세기 말 중단되었습니다. 게다가 9세기 말에는 견당사 파견도 중단되었고, 일본은 이후 독자적인 국풍 문화가 발전하였습니다.

04

율령과 유교에
바탕을 둔 통치 체제

진시황제는 법가 사상을 가진 책사였던 이사의 건의에 따라 율령을 만들었습니다[재상으로부터 서민에 이르기까지 왕명에 복종하지 않는 자, 나라의 법령을 범하는 자, 군주가 정해 놓은 법령을 거역하며 난을 일으킨 자는 누구를 막론하고 사형에 처하며 용서받을 수 없다.-『한비자』]. 율은 형법, 즉 범죄를 처벌하는 법이고, 령은 행정법, 즉 국가 조직, 제도 등을 규정한 법으로 군현제, 관료제와 같은 제도도 령에 따른 것이죠. 또한 진시황제는 전국을 하나의 문서 행정으로 통치하기 위해 문자를 통일하였습니다. 행정은 기본적으로 문서에 의해 이루어집니다. 그런데 춘추 전국 시대까지는 제후국마다 한자의 음과 뜻이 조금씩 달랐습니다. 그래서 중앙의 명령을 각 지방에 전달하면 즉시 시행될 수 있도록 한자의 음과 뜻을 통일한 것이죠.

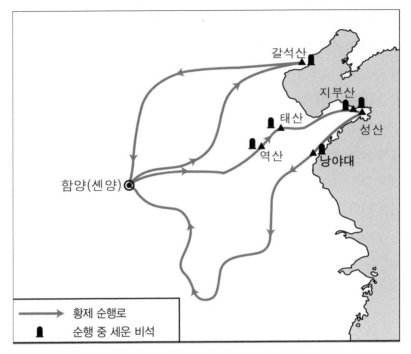

갈석산

지부산

태산

성산

역산

낭야대

함양(셴양)

→ 황제 순행로
🪦 순행 중 세운 비석

진시황제의 순행로와 순행 중 세운 비석들

    또한 법률에 따른 조세 행정을 위해 도량형을 통일하였습니다. 세금을 거둘 때 가장 기본적인 원칙이 형평성인데, 춘추 전국 시대까지는 제후국마다 도량형이 각각 달랐습니다. 이제 하나의 나라가 되었기 때문에 도량형을 통일하여 공평하게 세금을 거두려고 한 것이죠. 또한 진시황제는 전국을 돌아다니며 자신의 업적을 과시하는 기념물들을 만들었는데, 그중 하나가 바로 낭야대 각석입니다. 그러나 통일 이후에도 법가 사상을 내세운 강력한 처벌, 분서갱유 등 가혹한 통치로 인해 백성들의 불만은 극에 달하였고, 결국 진시황제가 죽은 뒤 멸망하고 말았습니다.

진나라가 법가 사상에 따른 가혹한 통치로 무너지자 한나라를 세운 고조는 새로운 통치 이념이 필요하다고 생각하였습니다. 제자백가의 사상 중 고조의 마음에 든 사상은 유가였습니다. 유가의 대표적인 사상이 충효입니다. 부모에게 효도하는 것처럼 황제에게 충성하라는 것이죠. 특히 한 무제는 중앙 집권 체제를 계속 유지하고 강화하기 위해서 국가 통치 이념의 역할을 할 수 있는 사상이 필요하다고 생각하였습니다. 이때 동중서라는 신하가 유가 사상을 통치 이념으로 삼을 것을 건의하였습니다.

한 무제는 유가 사상을 교육하기 위해 국립대학인 태학을 만들고, 5경 박사를 두어 유교 경전을 연구하고 가르치도록 하였습니다[제왕은 하늘의 뜻을 받들어 정치를 행해야 합니다. 따라서 덕과 교화의 힘을 빌려 다스릴 뿐 형벌의 힘을 빌려 다스리지는 않습니다. 읍에 학교를 설립하여 백성을 교화해야 합니다.-『한서』]. 또 중앙 관리를 선발하는 새로운 제도인 향거리선제를 실시하면서 유교적 교양이 출세의 지름길이 되어 유학은 가장 중요한 학문이 되었습니다. 그러나 한나라도 거대한 영토를 다스리기 위해서는 율령이 필요하였습니다. 특히 한나라의 율령은 유교 사상과 결합하여 신분 차별, 남녀 차별을 강화하였습니다. 이처럼 유가와 법가가 융합된 통치 이념은 이후 중원 왕조의 통치 이념으로 자리 잡았답니다.

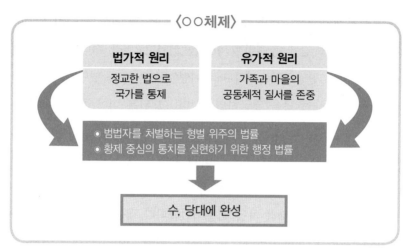

〈○○체제〉

법가적 원리
정교한 법으로
국가를 통제

유가적 원리
가족과 마을의
공동체적 질서를 존중

● 범법자를 처벌하는 형벌 위주의 법률
● 황제 중심의 통치를 실현하기 위한 행정 법률

수, 당대에 완성

위와 같은 체제를 율령 체제라고 합니다.

> 불효죄를 저지른 자는 기시(棄市, 군중 앞에서 죄인의 목을 베고 그 시체를 길거리에 버리는 형벌)한다.
>
> 불효죄로 고소당한 자의 아내, 자녀, 재산, 부동산도 관부가 몰수한다.

이것은 죽간에 적힌 한(漢)나라의 율(律)인데, 이 기록은 한나라의 형법이었던 율(律)의 내용으로 불효죄를 저지르면 매우 엄격하게 처벌하였음을 보여 줍니다. 불효는 유가 사상에서 가장 나쁘게 생각하는 범죄입니다. 즉 유가적 원리와 법가적 원리가 결합하였음을 보여 주는 기록입니다.

수나라를 세운 문제는 북위에서 시작된 균전제를 계승하고, 3성 6부제, 주현제, 과거제, 호적제, 조·용·조, 부병제 등을 실시하였습니다.

그러나 문제의 뒤를 이어 즉위한 양제는 대운하 건설, 고구려 원정에 많은 사람들을 강제 동원하여 민심을 잃었고, 결국 수나라는 통일한 지 30년 만에 멸망하였습니다(618). 이연(고조)은 수를 멸망시키고 장안을 도읍으로 하여 당을 건국하였습니다. 그 뒤를 이어 즉위한 태종은 율령 체제를 완성하였습니다. 율령 체제는 율령격식을 말합니다. 형법인 율과 행정법인 령을 기본으로 하여 율령을 보완하는 법인 격, 시행세칙인 식 등으로 이루어진 국가 통치 체제입니다. 특히 형법인 율은 신분, 남녀, 노소에 따라 차등 적용되었습니다. 유교적 가족 원리가 적용되어 남녀, 노소를 차별하였고, 부자 사이에 일어난 범죄, 즉 불효죄를 가장 엄하게 처벌하였습니다. 다음은 『당률소의』에 기록된 당나라 법률의 일부입니다.

양민이 타인의 부곡(양민과 노비 사이에 있는 상급 천민)을 때려 상처를 입히거나 죽였다면 여느 양민에게 죄를 지은 경우보다 한 단계를 낮추어 처벌한다. 노비에게 죄를 지으면 다시 한 단계를 낮춘다[즉, 양민, 부곡, 노비의 신분에 따라 처벌을 차등 적용하였음을 알 수 있습니다].

노비에게 죄가 있는데 그 주인이 관청에 처분을 요청하지 않고 죽였다면 장형 100대에 처한다. 죄가 없는데도 죽였다면 도형 1년에 처한다. 노비가 과실로 주인을 죽였다면 교수형에 처한다[즉 노비를 죽인 주인은 장형(때리는 형벌)이나 도형(감옥에 가두는 형벌)으로 끝나지만 반대로 노비가 실수로 주인을 죽였다고 하더라도 교수형, 즉 사형에 처해졌습니다. 신분에 따라 형벌이 달라진 것이죠].

처를 때려 상처를 입혔다면 양민을 때린 죄보다 두 단계를 낮추어 처벌한다. 첩을 때려 상처를 입혔다면 처의 경우보다 두 단계를 낮춘다[처

(아내)를 때린 죄를 양민을 때린 죄보다 약하게 처벌하고, 처와 첩을 차별하는 것 등은 남녀를 차별하여 처벌하였다는 것을 보여 주죠].

조부모나 부모에게 욕하였다면 교수형에 처하고, 구타하였다면 참수형에 처한다. 과실로 죽였다면 유형 3천 리에 처한다[조부모, 부모를 욕하고 구타하는 불효죄를 교수형(목을 졸라 죽이는 사형), 참수형(목을 잘라 죽이는 사형)으로 엄하게 처벌하였음을 알 수 있죠].

조부모나 부모가 가르침이나 명령을 위반한 자손을 구타하여 죽였다면 도형 1년 반에 처한다[조부모나 부모가 자손을 가르치기 위해 때리다가 죽이더라도 징역형에 그친 것은 가족 내의 위계질서를 옹호한 것이죠].

또한 당은 수 문제 때 정비된 행정 조직과 제도를 재정비하였습니다. 3성 6부의 중앙 통치 조직, 주현제의 지방 조직을 만들고, 과거제(과거시험을 통해 관료 선발), 균전제(성인 남자에게 토지를 균등 분배), 호적제(조세 부과의 기틀 마련), 조(租, 토지세)·용(庸, 노동력을 징발하는 대신 비단, 면포 등 징수)·조(調, 가구별로 성인 남자에게 직물 징수), 부병제(성인 남자는 모두 군대에 동원되는 일종의 징병제) 등을 다시 확립하였습니다.

이러한 당나라의 통치 체제는 이후 왕조들의 기본적인 통치 체제가 되었고, 우리나라, 일본, 베트남 등 여러 나라 등에도 큰 영향을 주어 동아시아 문화권을 형성하였습니다. 고구려는 소수림왕 때 율령을 반포하고, 수도에 태학이라는 국립대학에서 유교를 가르쳤습니다. 또 백제에서는 고이왕 때 율령을 반포하고, 오경박사가 있어서 유교를 가르쳤습니다. 신라는 법흥왕 때 율령을 반포하고, 신라의 17관등은 전통적인 골품제와 관료제가 결합한 것으로 독자성을 보여 주죠.

통일 신라에서는 신문왕 때 국립대학인 국학이 설립되었습니다. 또

원성왕 때는 독서삼품과를 마련하였습니다. 유교 경전을 읽고(독서), 상, 중, 하의 3품으로 나누어 성적이 좋은 사람을 관리로 뽑겠다는 것이었죠. 즉 과거제를 응용한 것이라고 할 수 있습니다. 또한 신라는 전국을 9주 5소경으로 나누어 통치하였고, 민정 문서(백성이 세금 낼 수 있는 정황을 파악한 문서라는 뜻으로 일본 도다이사 쇼소인에서 발견되었죠. 서원경-현재 청주-근처의 촌락들을 관리하는 촌주가 작성하였습니다)를 촌주가 3년마다 작성하도록 하여 이를 바탕으로 조세, 공물, 부역을 거두었습니다.

한편, 발해는 당나라의 체제를 모방하여 3성 6부를 만들었습니다. 그러나 3성 6부의 명칭은 모두 발해식(정당성, 선조성, 중대성, 충, 인, 의, 지, 예, 신)으로 바꾸었고, 운영 방식도 발해의 독자성을 보여 줍니다. 당의 3성이 각각 다른 역할을 했던 것과 달리 발해는 3성 중 정당성을 중심으로 국정을 운영하였죠. 또한 6부는 좌사정이 충, 인, 의 3부를 관할하고, 우사정이 지, 예, 신 3부를 관할하는 이원적인 운영을 하였습니다. 이와 같이 발해의 3성 6부 체제는 당의 제도를 모방하였지만 3성 6부의 명칭, 운영 방식은 독자성을 갖고 있었습니다. 국립대학으로는 주자감이 설치되었고, 서적 관리, 외교 문서를 맡은 문적원이 만들어지기도 하였습니다.

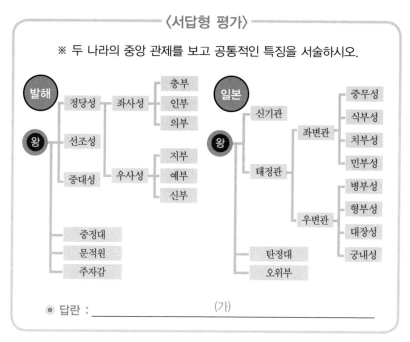

〈서답형 평가〉

※ 두 나라의 중앙 관제를 보고 공통적인 특징을 서술하시오.

발해
왕
정당성 — 좌사성 — 충부 / 인부 / 의부
선조성
중대성 — 우사성 — 지부 / 예부 / 신부
중정대
문적원
주자감

일본
왕
신기관
태정관 — 좌변관 — 중무성 / 식부성 / 치부성 / 민부성
           우변관 — 병부성 / 형부성 / 대장성 / 궁내성
탄정대
오위부

◉ 답란 : _____ (가) _____

(가)에 들어갈 내용은 국왕 중심, 당 체제 모방, 독자적 운영 등입니다. 먼저 발해와 일본 모두 국왕을 중심으로 한 통치 체제를 마련했음을 알 수 있죠. 또한 두 나라 모두 당나라의 3성 6부제를 모방하였으나 각국의 운영 방식은 당나라와 다른 독자성을 보여 줍니다.

　　고려 역시 당의 3성 6부제를 모방하여 2성 6부제를 기본으로 하는 중앙 통치 체제를 마련하였죠. 또 국자감(국립대학) 설립, 과거제 정비, 지방에 경학박사 파견 등을 통해 유교를 강조해 나갔습니다. 그러나 고려에서는 중서성과 문하성을 합쳐서 중서문하성을 만들었죠. 중서문하성은 국가 최고 기관으로서 장관인 문하시중이 국정을 총괄하는 역할, 즉 현재의 국무총리 같은 역할을 하였죠.

　　7세기 일본에서는 당나라 유학생 출신들이 중심이 되어 정변을 일으켰는데, 이를 다이카 개신(645)이라고 합니다. 이를 계기로 일본은 천황 중심의 중앙집권제 국가가 되기 시작하였는데, 701년 다이호 율령을

반포하면서 2관 8성의 중앙 집권 체제를 완성하였습니다. 신기관(제사 담당), 태정관(행정 담당)의 2관이 있었으며, 8성의 행정부서가 태정관 아래에서 행정을 담당하였는데, 좌변관, 우변관이 각각 4성씩 관리하였습니다[호적은 6년마다 식(式)에 근거하여 작성한다. 50호를 1리(里)로 한다. 리(里)마다 장(長) 1인을 둔다. 장(長)은 호구를 조사하여 해마다 빠짐없이 가족 수와 나이를 문서 대장에 기록한다. 리(里)마다 3통의 문서를 만들어 2통은 태정관에 보내고 나머지 1통은 국(國)에 보관한다.-『영의해』]. 이 외에 탄정대라는 감찰기관도 있었습니다. 그러나 일본은 모계 중심 친족제의 전통에 따라 근친혼을 인정하는 등 유교적 가족 원리가 그대로 수용되지는 않았습니다.

05

불교의 전파와
토착화

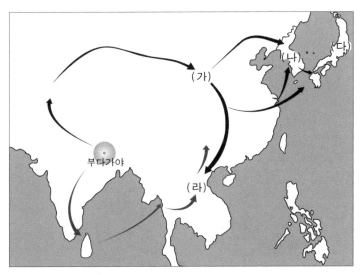

불교의 전파 과정: 인도의 불교가 (가) 중국에 전파되어 윈강 석굴 사원, 룽먼 석굴 사원 등
이 만들어졌으며, 당나라의 현장은 인도를 다녀와 『대당서역기』를 남겼죠. (나) 한국에서는
왕즉불 사상에 의해 왕권 강화가 이루어졌습니다. (다) 일본에서는 신도와 결합되어 신불
습합 사상으로 발전하였고, (라) 베트남에서는 다이탕당이 당나라에 건너가 현장에게 계율
을 전수받고 의정과 함께 인도 순례를 다녀오기도 하였습니다.

기원전 6세기경 인도에서는 브라만교와 카스트 제도를 비판하는 움직임이 나타났는데, 대표적인 것이 바로 불교입니다. 불교는 인과응보, 윤회(전생, 환생), 수행을 통한 해탈, 자비, 평등 등을 교리로 하였는데, 교리에 따라 크게 상좌부 불교와 대승 불교로 나뉘었습니다. 상좌부 불교는 개인의 수행과 해탈을 강조하는 성격의 불교였죠. 이때의 불교는 주로 동남아시아 쪽으로 전파되어 현재 동남아시아의 불교는 대개 상좌부 불교입니다. 한편, 인도에서 기원전 1세기에 성립된 불교는 중생 구제를 강조하는 대승 불교였습니다. 주로 동아시아 쪽으로 전파되어 중국, 우리나라, 일본, 베트남에까지 영향을 주어 현재 동아시아의 불교는 일반적으로 대승 불교입니다.

스님들을 집에서 나가 절에서 생활하는 사람이라 하여 '출가자'라고 합니다. 이에 반해 일반 불교 신도들을 집에 있는 사람이라 하여 '재가자'라고 합니다. 즉 상좌부 불교는 출가자 중심의 불교이고, 대중 불교는 재가자 중심의 불교이죠. 또한 상좌부 불교에서는 누구나 수행하여 해탈을 이루면 부처가 될 수 있다고 생각합니다. 이에 반해 대승 불교에서는 고타마 싯다르타, 즉 석가모니를 신격화하여 불상을 만들어 숭배하기 시작하였죠. 부처님의 자비로 중생을 구제하는 것이 더 중요하다는 입장입니다.

그래서 중생을 구제하려고 해탈을 미루는 보살의 이타행(남을 이롭게 하는 행동, 즉 중생 구제)을 중요하게 생각하죠. 특히 반야경, 화엄경 등이 만들어지면서 정토신앙이 나타났습니다. '정토'는 '깨끗한 땅'이라는 뜻으로 '부처님과 보살들이 살고 있는 극락'을 말합니다. 해탈하지 않아도 누구나 '나무아미타불'만 외우면 정토, 즉 극락에 갈 수 있다는 신앙입니다.

불교가 중원에 전파된 초기에는 주술적인 의미로 불교를 수용하였습니다. 서역의 승려였던 강승회는 삼국 시대 오나라로 건너와 절을 세우고, 인도의 불경을 한자로 번역하는 등 불교를 전파하였습니다. 남북조 시대에는 더욱 불교가 확산되어 발전하였습니다. 특히 북조의 왕들은 불교를 좋아했습니다. 북조는 유목민족이었기 때문에 중국 한족들에게 오랑캐 취급을 당하는 것에 대해 콤플렉스가 있었습니다. 그러나 불교에서는 부처님의 자비가 모든 사람에게 평등함을 이야기하였고, 북조의 왕들은 이러한 불교를 마음에 들어 했습니다.

또한 불교에는 왕즉불 사상, '황제는 부처이고, 귀족은 부처의 제자인 보살'이라는 사상이 있습니다. 실제로 북조 시대에 세워진 윈강 석굴 사원, 룽먼 석굴 사원 등에는 거대한 불상이 세워졌는데, 불상의 얼굴을 황제의 얼굴을 모델로 하여 만들기도 하였습니다. 즉 북조의 왕들은 왕권을 강화하기 위해 거대한 사찰과 불상을 만들었던 것이죠. 이와 같이 왕과 국가를 위한 불교를 호국 불교라고 합니다. 특히 전륜성왕 사상은 불교의 바른 법에 따라 세계를 통치하는 군주가 전륜성왕이라는 사상으로 왕권을 강화하는 논리로 이용되었습니다.

한편, 남조에서는 불교를 인간 본성에 관한 진리를 추구하는 종교로 이해했는데, 특히 양 무제는 많은 사찰을 건립하는 등 불교 장려로 유명합니다. 남북조 시대의 혼란으로 유교는 현실 사회를 이끌어 갈 힘을 잃게 되었으며, 도교는 전통 신앙과 결합하여 신선 사상(주술을 통해 질병, 죽음에서 벗어난 신선이 될 수 있다는 사상), 현세구복(현실의 행복을 추구)의 종교가 되었습니다.

윈강 석굴 대불

불교는 중국을 거쳐 한반도의 삼국으로 전파되었습니다. 삼국은 왕권을 강화하여 중앙 집권 체제를 확립하고 있던 시기에 불교를 수용하였습니다. 고구려는 소수림왕 때에 전진에서 불교를 들여와 공인하였고, 백제는 침류왕 때 동진에서 마라난타가 불교를 들여와 공인하였습니다. 신라는 가장 늦은 5세기에 고구려로부터 불교를 받아들이고, 법흥왕 때(6세기) 불교를 공인하였습니다. 특히 기존 귀족들이 믿었던 토착신앙과 갈등이 심하였는데, 이차돈의 순교를 계기로 불교를 공인하였죠. 이와 같이 삼국은 왕실이 앞장서서 불교를 받아들이고, 공인하였습니다. 그 이유는 불교에 왕즉불 사상이 있기 때문이었죠. 한마디로 '왕은 곧 부처'라는 것입니다. 즉 불교를 믿는 것은 곧 왕을 믿는 것과 같은 것입니다. 당연히 왕들이 좋아할 수밖에 없는 종교입니다.

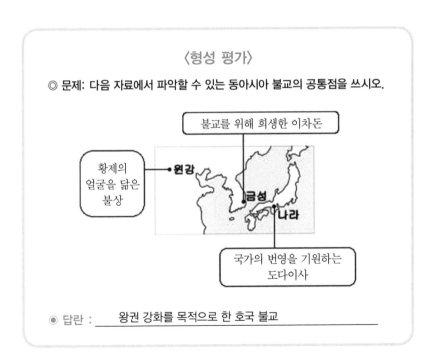

〈형성 평가〉

◎ 문제: 다음 자료에서 파악할 수 있는 동아시아 불교의 공통점을 쓰시오.

불교를 위해 희생한 이차돈

황제의 얼굴을 닮은 불상

도다이사

국가의 번영을 기원하는 도다이사

◉ 답란 : ___왕권 강화를 목적으로 한 호국 불교___

신라는 통일 이후 원효, 의상 등이 활약하였는데, 특히 원효는 아미타 신앙(정토 신앙)으로 불교를 대중화하였습니다. 통일 신라 말기에 들어서 참선 수행을 강조하는 선종 불교가 유행하였는데, 당시 지방 호족들과 결합하여 지방을 중심으로 발전하였습니다. 이후 고려가 건국되는 과정에서 큰 역할을 한 불교는 국가의 지원을 받아 크게 발전하였습니다. 특히 의천과 지눌은 교종과 선종을 통합하려는 노력을 하였습니다.

일본에서는 6세기 아스카 지역을 중심으로 불교문화가 꽃을 피웠는데, 이를 아스카 문화라고 합니다. 삼국 불교의 영향을 받았는데, 특히 백제의 영향을 많이 받았습니다. 8세기는 나라 시대라고 하는데, 전국 곳곳에 고쿠분사(도다이사 등 천황의 사찰)가 세워져 왕권 강화가 이

석굴암 본존불상: 통일 신라 시대의 대표적 불상입니다.

루어졌음을 보여 주죠. 헤이안 시대(8세기 말~12세기)에는 왕실과 귀족의 보호로 불교가 더욱 발전하였고, 가마쿠라 막부 시대(12세기 말~14세기)에는 정토신앙이 발전하여 불교 대중화가 이루어졌습니다. 특히 이 시기에는 송나라, 원나라 승려들이 일본에서 활동하면서 선종 불교가 발전하였습니다. 지금도 일본인들이 가장 많이 믿고 있는 종교가 신도입니다. 일본의 불교는 신도와 결합되어 발전하였는데, 이를 신불습합이라고 합니다.

동아시아 각국의 승려들은 자국을 벗어나 다른 나라를 왕래하며 국제적인 활동을 많이 하였습니다. 먼저 고구려의 혜자는 일본으로 건너가 쇼토쿠 태자의 스승으로 활약하였고, 담징은 종이, 먹 등의 제조법을 일본에 전하였으며, 호류사 금당벽화를 그린 사람으로도 유명합

호류사 금당벽화: 담징이 그린 그림으로 유명하죠.

니다. 또한 고구려의 혜량은 신라의 거칠부를 가르쳤습니다. 통일 신라의 대표적인 스님은 원효와 의상입니다. 원효의 사상은 당과 일본에도 전해져 큰 영향을 주었으며, 의상은 당나라 유학에서 돌아와 화엄종을 만들어 많은 제자를 가르치고, 부석사 등 사원들을 세우기도 하였습니다.

불교 승려들은 국제적인 활동을 많이 했습니다. 바로 이러한 스님 중 하나인 신라의 혜초는 당나라에서 금강지로부터 밀교를 배웠으며, 서역(중앙아시아)을 거쳐 인도에 도착하여 불교를 공부하고 다시 서역을 거쳐 중국으로 돌아왔는데, 그 여행 과정을 적은 기록이 바로 『왕오천축국전』입니다.

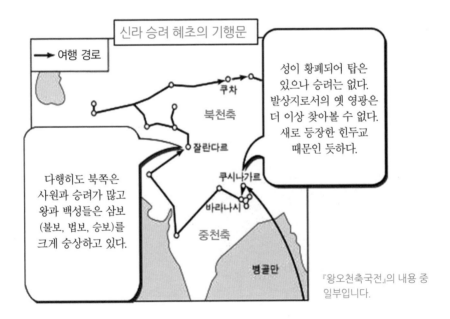

신라 승려 혜초의 기행문

→ 여행 경로

쿠차
북천축
잘란다르
쿠시나가르
바라나시
중천축
벵골만

성이 황폐되어 탑은 있으나 승려는 없다. 발상지로서의 옛 영광은 더 이상 찾아볼 수 없다. 새로 등장한 힌두교 때문인 듯하다.

다행히도 북쪽은 사원과 승려가 많고 왕과 백성들은 삼보(불보, 법보, 승보)를 크게 숭상하고 있다.

『왕오천축국전』의 내용 중 일부입니다.

동진의 법현은 인도를 다녀와 『불국기』를 지었으며, 당의 현장은 7세기 인도를 다녀와 『대당서역기』를 지었습니다. 현장은 『서유기』(손오공, 저팔계, 사오정이 유명하죠)에 나오는 삼장법사의 실제 주인공이기도 합니다. 당의 감진은 일본에 여러 차례 건너가려다 눈이 멀기도 하였지만 결국엔 8세기 중엽 일본에 건너가 불상, 불경, 약품 등을 전해 주었고, 도다이사에서 대대적인 환영을 받았답니다. 일본의 엔닌은 장보고 상단의 도움을 받아 당 유학을 하고 신라원 중 하나인 적산 법화원에 머무르기도 하였고, 『입당구법순례행기』를 저술하였습니다. 일본 도다이사 낙성식(절의 준공식)에는 당의 도선, 인도의 보리선나, 참파의 불철 등 여러 스님들이 참가하였습니다. 또한 중앙아시아 출신인 강승회는

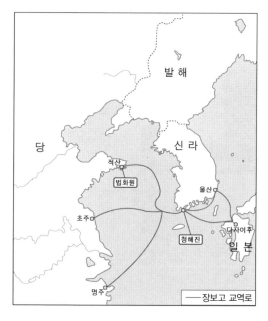

장보고 상단의 해상 교역로

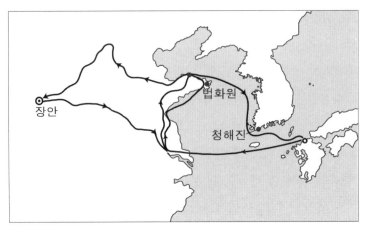

엔닌의 행로

저 비석은 장보고를
기념하는 비석이야.

맞아. 일본 천태종을 이끌었던
엔랴쿠사의 엔닌이 장보고의
도움을 받아 당에서 유학을
하였다고 해.

베트남, 오나라(삼국 시대) 등에서 활약하였으며, 베트남의 다이탕당은 당, 인도 등을 오가며 활동하였습니다.

동아시아 불교의 공통적인 경배 대상은 관세음보살(중생을 구제하는 보살), 약사여래(중생을 병에서 구제하는 부처), 아미타불(깨달음을 얻고 계속 수행하여 극락에 머물고 있는 부처) 등입니다. 현재 세상에서 복을 구하는 현세 구복적 특징을 잘 보여 주죠. 또한 부처님의 자비를 실천하는 방법으로 중국 남북조 시대에 시작된 무진장(낮은 이자로 빈민들에게 대출하는 제도로 현재 우리가 쓰는 '무진장(엄청나게 많다)'이라는 말의 기원입니다), 고려의 제위보(빈민 구제 기금), 혜민국(빈민 치료 기관), 일본의 비전원(고아, 병자 수용 기관), 시약원(빈민 치료 기관) 등이 역할을 하였습니다. 그리고 석가모니의 시신을 화장하고 나서 나온 사리를 보관하기 위해 만들어진 것이 탑입니다(처음 인도에서는 '스투파'라는 이름으로 만들어졌습니다. 이 말이 중국의 한자로 '탑(塔)'이 된 것이죠. 스님들의 사리를 안치한 탑을 부도, 승탑이라고 하죠). 이처럼 사람이 죽으면 시신을 불에 태우는 장례를 화장이라 하는데, 불교의 발달

산치 대탑(스투파)

과 함께 동아시아 각국에서 화장이 이루어지기도 하였습니다.

　동아시아의 불교는 각국의 전통에 따라 차이점이 나타났습니다. 먼저 중국에서는 효를 중시하는 유교적 전통에 따라 당나라에서 만들어진 『부모은중경』이라는 불경이 나타났죠[부모의 은혜를 갚고자 하거든 부모를 위해 불경을 펴내도록 하라. 이것이 참으로 부모의 은혜를 갚는 길이다. (중략) 사람들이 불경을 펴내는 공덕으로 말미암아 그 사람의 부모는 천상에 태어나 모든 즐거움을 누리며, 지옥의 고통을 영원히 여의게 되느니라.-『부모은중경』./ 부처님께서 아난에게 말씀하셨다. "내가 중생을 보니 부모님의 크신 은혜를 생각하지 않고 공경하지 않는다. (중략) 아버지를 왼쪽 어깨에 메고 어머니를 오른쪽 어깨에 메고 (중략) 수미산을 수천 번 돌더라도 부모님의 깊은 은혜에 보답할 수 없다."-『부모은중경』./ 모든 중생이 부모님의 은혜를 갚고자 한다면 복받을

『부모은중경』

일을 하고, 불경을 만들며, 향을 피워 부처님께 예배하고, 삼보께 공양하거나 여러 스님들께 음식을 베풀어야 한다. 이렇게 한 사람만이 부모님의 은혜에 보답할 수 있다.-『부모은중경』].

한국에서는 토착신앙이었던 산신 신앙, 칠성 신앙, 용신 신앙 등이 불교와 결합하여 발전하였죠[지혜라는 비구니가 불전을 새로 수리하려 했으나 힘이 모자랐다. 꿈에 선녀가 말하기를, "나는 선도산(仙桃山)의 신모(神母)이다. 네가 불상을 모신 전각을 수리하려 하는 것이 가상하여 금 10근을 주어 돕고자 한다. 천신과 오악의 신군을 벽 위에 그리고, (중략) 모든 중생을 위해 법회를 베푸는 것을 일정한 규정으로 삼아라"라고 하였다.-『삼국유사』].

이러한 영향으로 많은 절에는 산신각, 칠성각 등의 전각이 있고, 부석사에는 용이 된 선묘를 모신 선묘각이 남아 있습니다.

삼성각에는 칠성, 산신 등 토착신앙으로 모시던 신이 모셔져 있습니다. 또한 무량수전 오른쪽에는 용이 된 선묘를 모신 선묘각이 있습니다.

삼성각

무량수전

부석사 경내도

일본에서는 신도와 불교가 결합한 신불습합이 이루어졌습니다. 특히 도다이사에는 농업, 항해, 제물의 신(神)인 '하치만 신상'이 있는데, 원래 신도의 신이었던 하치만은 신상이 없었으나 불교의 영향으로 신상을 만들고 대보살이라는 칭호도 얻었죠[하치만을 모시는 우사 신궁에서 신탁이 내리기를 "하츠다 강변에 한 노인이 돗자리 위에 앉아 있을 터이니 그 자리에 불상을 만들어 모시고 황금이 나오도록 소원을 빌라"라고 하였다. 그래서 그곳을 찾아가서 여의륜관음상(如意輪觀音像)을 안치하였다.-『부상략기초』].

도다이사: 쇼무 천황이 창건.　　　　　　하치만 신상

각국에서 발달한 탑의 양식도 환경에 따라 차이가 있습니다. 중국에서는 전탑(벽돌탑), 한국에서는 석탑, 일본에서는 목탑 등이 발달하였는데, 각국에서 구하기 쉬운 재료로 탑을 만들었던 것이죠. 또 불경 인쇄를 위한 목판인쇄술이 발달하였는데, 무구정광대다라니경은 8세기 신라에서 만든 세계에서 가장 오래된 목판 인쇄물입니다. 일본에서는 백만탑다라니경이 제작되었으며, 대장경은 10세기 후반부터 송, 요, 금, 고려에서 제작되었는데, 현재 해인사에 보관하고 있는 팔만대장경이 대표적이죠.

대안탑

호류사 5층 목탑

불국사 3층 석탑

III

국제 관계의 변화와
지배층의 교체

01

유목민족의 성장과
국제 질서의 개편

당이 절도사 주전충에게 멸망당한 후 각지의 절도사들은 자신의 나라를 세우기 시작하여 5대 10국 시대라는 분열과 혼란의 시기가 나타났습니다. 중국의 중심지였던 황허강 유역에서 5대 왕조가 계승되었고, 주변 지역에서 10국이 나라를 세우고 서로 싸우는 혼란스러운 시대였습니다.

후주의 절도사였던 조광윤(태조)은 송을 세운 이후, 5대 10국의 분열을 끝내고 중국을 재통일하였습니다. 태조는 자신이 절도사 출신이었기 때문에 절도사들의 마음을 잘 알고 있었죠. 절도사의 힘을 약화시키지 못한다면 또다시 절도사들의 쿠데타나 반란이 일어날 것이라고 생각하였습니다. 그래서 절도사의 힘을 약화시키고, 문관을 우대하는 정책을 실시하였는데, 이를 문치주의라고 합니다. 문관을 중심으로 통치한다고 생각하면 됩니다. 이러한 문치주의에 따라 문관을 우대하고, 절도사 등 무관의 힘이 약화되자 그 부작용으로 군사력이 약화되었습니다[태조는 5대 번진의 폐해를 거울삼아 절도사의 권한을 모두 빼앗아 버렸다. 군사권, 재정권은 물론 상벌과 사법의 권한까지 모두 거둬들였다. 그리하여 지방은 날로 곤궁하고 허약해져서, 정강의 변 때 여진족의 기병대가 향하는 곳마다 쓸리듯 무너져 버리지 않는 곳이 없었다.-『주자어류』]. 이에 거란족들이 세운 요나라가 군사적 위협을 가하기 시작하였습니다.

나 조광윤은 후주의 절도사였는데, 5대 10국의 혼란을 끝내고 변경(카이펑)을 수도로 송나라를 세웠다. 지금까지 절도사들의 권한이 강했기 때문에 혼란이 일어난 것이다. 이제부터 문치주의 정책을 시행하겠다.

거란족은 10세기 초 야율아보기를 중심으로 요나라를 세웠습니다. 요나라는 먼저 발해를 멸망시킨 뒤 연운 16주를 차지하였습니다. 이에 송은 원래 중국 영토였던 연운 16주를 되찾기 위해 요를 공격하였다가 오히려 반격을 당하였습니다. 요의 침략에 당황한 송은 요와 형제 관계(전연의 맹약. 송나라가 형, 요나라가 동생이 되는 형제 관계를 맺었지만 실제로는 요가 송의 상국이 되는 관계였죠)를 맺고, 많은 세폐(은과 비단)를 요에게 바치면서 화친을 유지하였습니다. 그러나 거란족에게 바치는 엄청난 양의 세폐(송은 매년 은 10만 냥, 비단 20만 필을 요에게 바쳤습니다)로 국가 재정은 점차 악화되어 갔습니다. 이에 왕안석은 국방력과 국가 재정을 강화하기 위한 목적으로 신법을 추진했지만 구법당의 반발로 실패로 돌아갔습니다. 이후 신법당과 구법당의 당쟁이 벌어지면서 송은 더욱 쇠퇴하였습니다.

연운 16주는 5대 10국 시기의 후진이 요에게 할양한 지역입니다. 송은 이 지역을 되찾기 위해 요를 공격하였다가 오히려 반격을 당해 요와 '전연의 맹약'을 체결하였습니다.

● 연운 16주

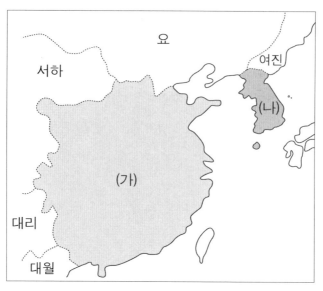

11세기 동아시아 지도: (가)는 송, (나)는 고려입니다.

　　11세기 송의 서북 지역에 탕구트족이 서하를 건국하였습니다. 이후 서하는 비단길에 위치한 이점을 살려 동서 무역의 이익으로 크게 번영하였습니다. 송의 관제를 모방하여 서하의 관제를 만들었지만 독자적인 서하 문자를 만드는 등 고유의 전통을 지키려고도 하였습니다. 또한 서하는 불교를 국교로 삼았으며, 송으로부터 비단, 은, 차 등을 받으며 평화를 유지하였답니다.

　　12세기 초에는 여진족들이 아쿠타를 중심으로 통일을 이루고 금나라를 건국하였습니다. 이에 송은 금을 이용하여 요를 제거해야겠다는 계획을 세웠습니다. 송의 계획대로 금은 요를 멸망시켜 주었지만 곧이어 송을 침략하여 황제를 포로로 잡고 화북 지방을 차지하였는데, 이를 '정강의 변'이라고 합니다. 이에 송은 강남 지방으로 도망가서 임안(항저우)을 수도로 삼고 남송을 세웠습니다. 남송은 금이 더 이상 침략하는 것을 막기 위해 또다시 엄청난 양의 세폐(송은 매년 은 25만 냥, 비단 25만 필을 금에게 바쳤습니다. 요에게 바친 것보다 훨씬 많았죠)를 바쳤습니다. 게다가 송은 금에게 신하의 예를 갖추기도 하였는데, 북방민족에게 신하의 예를 갖춘 최초의 한족 왕조라는 불명예를 안기도 하였죠.

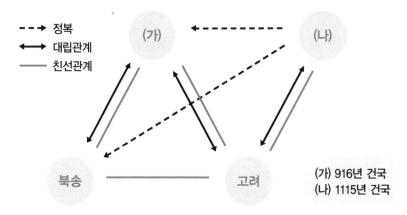

(가)는 요나라, (나)는 금나라

거란족의 요와 여진족의 금은 공통점이 있습니다. 이원적 통치 방식과 고유 문자의 사용이죠. 요는 북면관·남면관제를 실시했는데, 유목민들에 대해서는 부족제인 북면관제를 실시하고, 한족에게는 중국식 주현제인 남면관제를 실시하였습니다. 또한 금은 여진족, 거란족 등 유목민에게는 맹안·모극제를 실시하고, 한족과 발해인에게는 중국식 주현제를 실시하였습니다. 즉 요와 금 모두 유목민과 농경민을 분리하여 이원적 방식으로 통치하였던 것입니다. 또 요에서는 거란 문자, 금에서는 여진 문자, 탕구트족은 서하 문자, 몽골족은 파스파 문자 등 고유 문자를 만들어 사용하였습니다. 이렇게 유목민족들이 이원적 통치 방식으로 통치하고, 고유 문자를 사용한 이유는 유목민 고유의 전통과 문화를 지키고 중국의 문화에 동화되지 않기 위해서였습니다. 문화적 수준이 낮은 유목민족들이 중국을 정복하였지만 오히려 수준 높은 중국 문화에 동화되면서 자신들의 문화가 사라질 것을 두려워했기 때문이죠.

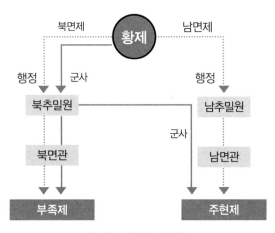

요나라의 북면관·남면관제

송은 상공업의 발달과 함께 조선술, 나침반의 발달로 국제 무역 역시 발달하여 광저우, 항저우, 밍저우, 취안저우 등 항구에 시박사(무역 감독 기관)를 설치하여 무역을 감독하였습니다. 특히 취안저우는 고려, 일본, 동남아시아 사이의 무역을 이끄는 국제무역항의 역할을 하였고, 고려의 벽란도 역시 국제무역항의 역할을 하였습니다.

거란(요)은 발해를 멸망시키고 송나라의 북쪽 지방을 위협하며 송나라를 호시탐탐 노리고 있었습니다. 이러한 송과의 대결을 유리하게

이 도장은 금나라의 행정조직인 모극에서 사용된 관인입니다. 모극은 맹안 아래에 편성되었습니다.

이끌기 위해 거란은 고려를 3차례 침략하였습니다. 즉 송나라를 치기 위해 송나라와 친한 고려를 위협하여 송나라와의 관계를 끊으려는 목적이었던 것입니다. 거란의 1차 침입은 서희의 외교 담판으로 화약을 맺고 강동 6주를 확보하였습니다. 2차 침입은 양규의 항전으로 막아냈고, 3차 침입은 강감찬의 귀주 대첩으로 거란은 큰 타격을 받고 더 이상의 전쟁을 포기하였죠. 그래서 고려, 송, 거란 사이의 힘의 균형이 이루어질 수 있었습니다.

12세기 초 여진족들은 고려의 국경 지역을 자주 약탈하였습니다. 이에 윤관이 여진족을 정벌하기 위해 별무반 창설을 건의하였습니다. 말을 잘 타는 여진족들에 대항하기 위해 기병 위주로 편성된 별무반을 이끌고 여진족을 정벌하여 동북 9성을 쌓았습니다. 그러나 땅을 빼앗긴 여진족들이 땅을 돌려 달라고 애원하자 고려는 여진족에게 9성을 돌려주었습니다. 이후 여진족은 아쿠타를 중심으로 급성장하여 금을 건국하고, 요를 멸망시킨 후 고려에 군신 관계를 요구해 왔고, 고려는

이를 받아들였습니다[그동안 여진은 우리나라에 신하로 예속되어 있었고, 우리 사신을 따라 송나라에 들어가 조공하기도 하였습니다. 하지만 요즈음 여진이 금나라를 세워 요나라를 무너뜨리고 세력이 더욱 커졌습니다.-『동사강목』].

13세기 초 테무친은 먼저 몽골족을 통일한 후 칭기즈 칸에 추대되어 몽골 제국을 세웠습니다. 칭기즈 칸은 천호·백호제로 군사 조직을 재편하였고, 빠른 말을 이용한 몽골 기병을 이끌고 서하, 호라즘 등을 정복하는 등 대제국을 건설하였습니다. 칭기즈 칸이 죽은 이후에도 몽골 제국의 칸들은 정복 활동을 계속 벌여 금, 대리국 등을 멸망시키고, 바투는 러시아와 동유럽 일부를 차지하여 킵차크 한국을 세웠습니다. 또 훌라구는 이슬람 세력인 아바스 왕조를 멸망시키고 일 한국을 세웠습니다. 5대 쿠빌라이 칸(세조)은 고려의 항복을 받았고, 수도를 대도

(현재 베이징)로 옮기고 국호를 원으로 정하였습니다. 이후 남송을 점령하여 유목 국가 최초로 중국 전체를 지배하게 되었습니다. 그러나 일본, 베트남(대월, 참파), 미얀마 등을 정벌하였으나 정복에는 실패하였습니다.

현재 몽골의 20000투그릭 지폐 속 인물이 칭기즈 칸이죠.

〈마인드맵 활동지〉

※ **활동 내용**: 몽골 제국의 특징을 마인드맵으로 정리해 보자.

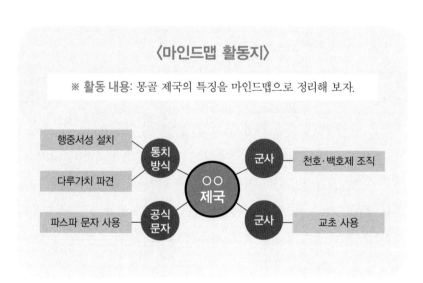

몽골족들은 원나라를 통치하면서 자신들의 전통을 지키기 위해 파스파 문자를 만들었으며, 몽골 지상주의라는 신분제도를 만들었습니다. 몽골족들이 귀족으로서 최고 지배층을 형성하고, 색목인(이슬람 상인이나 서양인들이죠)에게 재정 업무 등을 맡겨서 중간층을 이루게 하였습니다(과거제는 실시되었지만 형식적이었죠). 그다음으로는 한인(금을 정복하면서 편입된 여진족, 거란족, 한족, 대몽 항쟁을 끝내고 항복한 고려인)과 가장 사회적 차별을 당하던 최하층민으로 남인(남송을 멸망시킨 후 편입된 한족)이 있었습니다. 다음은 이와 관련된 『동방견문록』의 내용 중 일부입니다.

> 중국인들은 칸의 통치를 증오했다. 왜냐하면 칸이 몽골인들과 이슬람교도들을 통치자로 임명하였고, 중국인들을 마치 노예처럼 취급했기 때문이다. 또한 칸은 무력으로 중국에 대한 통치권을 장악했기 때문에 중국인들을 믿지 않았다. 그래서 그의 집안에 충실하고 중국 출신이 아닌 몽골인, 이슬람교도, 기독교도들에게 중국에 대한 통치권을 맡긴 것이다[몽골 지상주의를 잘 보여 주는 자료입니다].

원은 전국 곳곳에 행성(행중서성)을 설치하고, 다루가치를 파견하여 지방을 감시하였습니다. 또한 도로를 정비하여 역참을 설치하였습니다. 역참은 도로 곳곳에 설치되어 여행자들이 말을 바꾸거나 숙박, 식사를 할 수 있는 곳입니다. 몽골 제국이 유라시아 대륙을 하나로 만들면서 동서 교류는 더욱 활발해졌습니다. 특히 역참제는 동서 교류의 핵심 시스템이었죠. 다음은 이와 관련된 내용이 담긴 이븐바투타의 여행기 중 일부입니다.

그들의 여행 질서를 보면 전국의 모든 역참에는 여인숙이 있는데, 관리자가 자신의 서기와 함께 여인숙에 와서 전체 투숙객의 이름을 등록하고는 일일이 확인 도장을 찍은 다음 여인숙 문을 잠근다[이와 같이 역참제는 여행 다니는 사람들을 체크할 정도로 철저한 시스템이었죠].

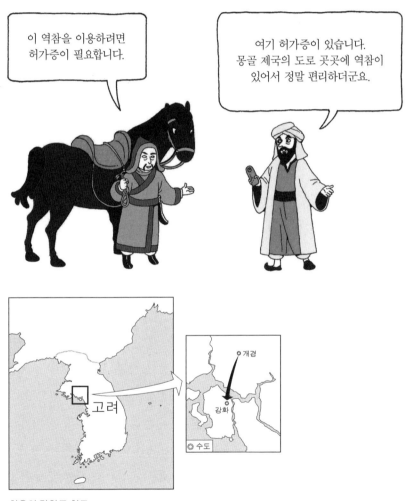

최우의 강화도 천도

당시 고려 최씨 정권을 이끌던 최우는 강화도로 천도하였습니다. 강화도는 바닷길이 험하여 몽골족과 같은 유목민족들은 건너올 수 없는 최고의 피난처였죠. 지배층만 강화도로 도망가고 백성들은 알아서 산성이나 섬으로 피하라는 것이 대책이었습니다. 그러나 사회적으로 천대받던 노비, 부곡민 등 최하층들이 오히려 몽골군에 맞서 용감하게 싸웠습니다. 오랜 항쟁 끝에 고려와 몽골은 화의를 하고 고려 조정은 개경으로 환도하였습니다.

이렇게 고려의 주권을 지키고, 우리 고유의 풍속을 계속 누릴 수 있었던 것은 고려가 몽골의 무력에 굴복하지 않고 끝까지 저항하였기 때문입니다. 몽골 역시 우리의 끈질긴 저항에 질려 버렸기 때문에 직접 통치를 포기한 것이죠. 국가 체제를 유지하면서 몽골 제국에 포함된 유일한 나라가 바로 고려였습니다. 몽골과의 항쟁으로 외세와의 전쟁을 겪으면서 고려 후기에는 민족적 자주 의식이 강해지고, 전통적인 우리 문화에 대한 관심이 나타났습니다. 이러한 변화를 보여 주는 역사서가 『삼국유사』, 『제왕운기』 등입니다.

쿠빌라이는 일본을 원정하여 정복하려고 했죠. 그러나 몽골족은 유목민족이었기 때문에 바다나 배에 대해서 잘 몰랐습니다. 그래서 섬나라 일본을 공격할 수가 없었던 것이죠. 때마침 고려가 항복하자마자 원은 일본 원정에 필요한 배, 군대, 각종 물자를 준비하도록 강요했습니다. 그러나 원정은 두 차례 모두 실패했죠. 모두 태풍이 불어 바다에 빠져 몰살당했습니다. 그래서 일본은 이때 불었던 태풍을 가미카제(일본어의 뜻은 신의 바람, 즉 일본은 신이 지켜 주는 '신의 나라'라는 신국 의식이 강화되었죠)라고 하여 수호신처럼 생각합니다. 어쨌든 일본은 몽골의 공격을 막아 냈습니다. 그러나 당시 집권 세력이었던 가마쿠라 막부는 몽골의

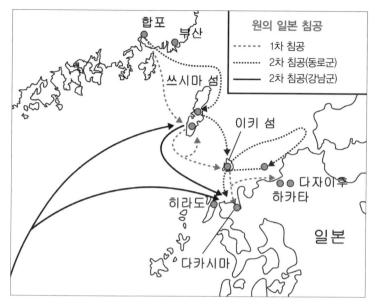

원의 일본 원정로

침략에 맞서 준비한 전쟁 비용이 부담스러워 결국엔 몰락하였답니다.

한편, 쿠빌라이는 베트남의 대월을 여러 차례 침략하였습니다. 대월의 쩐 왕조는 한때 수도 탕롱(하노이)을 빼앗기기도 하였지만, 쩐흥다오 장군은 「격장사」[저들은 쿠빌라이의 명령이라고 하면서 보석과 비단을 요구하여 한도 없이 자기들의 만족만 채우려 한다. (중략) 이제 나는 너희들에게 분명히 말해 둔다. 마땅히 장작더미 밑에 불을 놓아둔 위기라고 여겨야 하고, 뜨거운 국물에 데어 본 사람이 찬물도 불면서 먹듯이 경계해야 한다.-「격장사」]라는 격문을 발표하고 바익당 강 전투에서 승리하여 몽골군을 몰아냈습니다. 이렇게 침략에 맞서 싸우는 과정에서 민족의식이 높아진 대월은 고유 문자인 쯔놈 문자로 『대월사기』를 편찬하였습니다.

//

농업과 상공업의
발전

　남조에 의해 강남 지방의 개발이 시작된 이후 송나라 때는 더욱 강남 지방의 개발에 박차를 가해 강남 지방의 경제력이 화북 지방을 능가하는 농업 혁명이 일어났습니다[하늘에는 천당이 있고, 땅 아래에는 쑤저우와 항저우가 있네. 쑤저우와 후저우에 곡식이 여물면, 천하를 배부르게 할 수 있다네.-『오군지』]. 특히 강남 지방에서는 저습지 개발이 많이 이루어졌는데, 이를 '우전'이라고 합니다. 우전은 저습지에 제방(댐)을 쌓아 제방 안의 물을 빼내어 만든 농지를 말합니다. 이처럼 물을 이용하기 쉽게 개발한 땅을 '수리전'이라고 하는데, 우전 역시 수리전에 포함됩니다.

　고려에서는 11세기 이후 저습지와 바닷가의 갯벌 등에 제방을 쌓아 개간하기 시작하였습니다. 특히 13세기 대몽 항전기에는 강화도 등 섬 주변 갯벌 등을 개발한 간척지가 많이 늘어나기도 하였죠. 몽골군을 피해 섬으로 피난한 백성들이 농경지를 늘리기 위해 바닷가를 개척한 것입니다. 일본에서는 가마쿠라 막부에서 13세기 황무지와 하천 유역을 농경지로 개간하기 시작하였습니다.

농업 기술도 발전하여 농업 생산이 증가하였습니다. 점성도(참파벼, 베트남에서 개발된 품종으로 거름을 많이 줄 필요도 없고 빨리 자람), 선명도(중국 강남 지방에서 개발된 품종으로 빨리 자라 여름에 수확함) 등 조생종(빨리 자라는) 벼가 보급되어 벼가 빨리 자랐기 때문에 벼와 보리의 2모작, 또는 2년 3모작(2년 동안 벼, 보리, 벼로 세 번의 농사를 짓는 것)이나 1년에 벼농사를 두 번 짓는 2기작이 가능해졌습니다.

또한 모내기법(이앙법)이 확산되어 농업 생산이 늘어났습니다. 이앙법을 하면 모판에서 재배한 모 중 튼튼한 모만 골라서 모내기를 하기 때문에 생산량이 더 많았죠. 또 모판에서 모가 5, 6월까지 자라는 동안 논에서는 보리를 농사지을 수 있었기 때문에 1년에 농사를 두 번 지을 수 있었죠. 그래서 2모작이 가능하였습니다.

그리고 시비법(농작물이 잘 자랄 수 있도록 땅에 똥으로 만든 퇴비를 주는 농법)이 발달하여 땅을 쉬지 않고 계속해서 농사지을 수 있게 되었죠. 또 쟁기, 가래 등 농기구가 더욱 개선되었고, 앙마(모내기용 농기구), 용골차(관개용 수차. 물레방아처럼 생긴 일종의 양수기)가 발명되기도 하였습니다.

용골차

송나라 때 지방에서 대토지를 소유한 지주층이면서 과거에 합격하여 관료가 된 지배층을 사대부라고 합니다. 사대부들은 자신의 땅을 소작인들에게 빌려주어 농사를 짓게 했는데, 이를 지주전호제라고 합니다. 땅의 주인인 지주가 전호(소작인)에게 땅을 빌려주고 전호는 땅을 빌린 대가인 지대를 지주에게 바치는 방식을 지주전호제라고 합니다. 10세기 이후 송나라에서는 지주전호제가 발달하면서 소농 경영이 나타났습니다. 소농은 말 그대로 작은 농사꾼입니다. 소규모 땅을 소유한 자영농이나 지주에게 빌린 땅을 농사짓는 소작농을 말하죠.

소농은 소규모 땅을 농사짓기 때문에 가족의 노동력만으로 농사를 지었죠. 그러나 땅이 소규모였기 때문에 토지 생산성이 낮았고, 지주들이 땅을 빼앗는 토지 겸병을 하거나 정부의 지나친 세금 수탈 등으로 소농 경영은 매우 힘든 일이었답니다. 하지만 소작농이라고 하더라도 일정한 지대만 납부하면 지주의 간섭 없이 독립적으로 농지 경영을 할 수도 있었습니다. 특히 소작인의 경작권은 지주가 함부로 빼앗을 수 없기 때문에 매매, 상속도 가능하였습니다. 이러한 소농 경영의

지식검색

Q 앙마(秧馬)는 언제부터 사용되었죠?

A 앙마는 중국 송나라 때부터 양쯔강 하류 지역에서 모내기법에 사용된 농기구입니다. 그림과 같이 말처럼 타고서 모를 심습니다.

발달은 인구 증가를 자극하여 12세기 초 1억 명 이상이 되었으며, 카이펑(변경), 항저우(임안) 등 대도시에는 100만 명 이상의 인구가 거주하였습니다.

송나라 때의 농업 혁명은 상공업의 발달로 이어져 중소 상업도시들이 나타났습니다. 이 도시들을 연결하는 전국적인 시장망이 만들어졌으며, 이를 무대로 활동하는 전국적인 대상인들도 나타났습니다. 또한 쌀, 차, 채소, 과일 등 상품 작물(시장에서 팔기 위해 재배한 작물)이 재배되었습니다. 농촌에서는 초시라는 시장이 개설되어 확산되었고, 변경(카이펑)과 임안(항저우)은 상공업의 중심 도시로 발전하였습니다. '와자'(도시의 번화가)에서는 잡극 등 다양한 공연이 열리고, 자유로운 상행위가 이루어지고 야시장도 열렸답니다[눈을 들면 보이는 것은 온통 그림 같은 기루에 아름답게 수놓은 문과 주렴뿐. 화려하게 장식한 마차들이 천자가 거처하는 변경(카이펑)의 거리를 경주하듯 달리네. (중략) 출세한 모습을 보고자 하면 전시에 합격한 거자(擧子)들이 천자의 호명에 따라 대답하는 모습, 무관들이 자신의 능력에 따라 영전하는 모습을 보게나.-『동경몽화록』]. 상공업의 발달로 화폐 사용량이 많아져 동전으로 감당할 수 없게 되자 송은 세계 최초의 지폐인 교자를 발행하였고, 남송 때는 회자를 발행하였습니다[변경 지역에 유통되는 화폐가 없어 상인들은 식량과 약초를 가지고 들어가 유황과 소금으로 교환하였다. 그러나 교자의 도입으로 반드시 식량과 약초를 가지고 들어갈 필요가 없어졌다.-『속자치통감장편』]. 또한 남송과 원에서는 징더전이 도자기 제조의 중심지가 되어 고려, 일본 등으로 도자기가 수출되기도 하였죠.

송의 수도 카이펑은 상공업이 매우 발달했군요.

송의 지폐인 교자만 있으면 뭐든지 살 수 있죠.

고려의 문벌귀족, 권문세족은 권력을 이용하여 국가의 땅이나 남의 땅을 불법으로 개간하여 차지하거나 고리대 등으로 소농들의 땅을 강제로 빼앗기도 하였습니다. 소농은 민전(조상 대대로 물려받은 토지)을 경작하는 자영농과 귀족의 땅을 빌려 농사짓는 소작농이 있었죠. 소농은 전세, 부역, 군역, 공납 등 세금을 내는 사람들이었기 때문에 국가는 소농을 보호하려고 하였습니다.

고려에서는 개경의 시전을 귀족과 관청이 주로 이용하였으며, 개경(개성), 서경(평양), 동경(경주) 등 대도시에 설치된 관영상점(관청에서 운영하는 상점)을 운영하기도 하였습니다. 도시 거주민들이 이용하는 비정기적으로 열린 시장도 있었습니다. 일본은 가마쿠라 막부 때부터 상업이 활발해져 화폐 사용이 증가하였고, 상공업자들의 동업조합도 나타났습니다. 이어 무로마치 막부 때에는 도매상, 중개인들의 동업조합이 나타났으며, 전문 운송업자, 전문 시장(어시장, 쌀시장, 말시장 등)도 나타났습니다. 또한 무로마치 후기 이후 상공업자들은 조닌 계급으로 성장하였습니다. 이어 전국 시대의 혼란 속에 다이묘들이 상공업자들의 자율권을 인정하여 상공업은 더욱 발달하여 교통의 요지마다 시장이 나타났습니다.

청명상하도: 운하를 오가며 상선과 상인들로 북적북적한 카이펑의 풍경을 그린 그림입니다.

03

새로운 지배층의
등장

송나라의 문치주의 정책에 따라 황제가 직접 과거시험을 주관하는 전시가 도입되었습니다. 이에 따라 '황제는 천하 사대부의 스승이요, 모든 사대부는 황제의 제자다'라는 말이 생겨났죠. 과거 응시자가 누군지 알 수 없도록 다른 사람이 베껴 쓴 답안지로 채점을 할 정도로 공정하였습니다[한림학사 이방을 지공거로 삼아 과거를 시행하게 하였는데, 그가 사사로운 인연에 따라 합격 여부를 결정했다는 투서가 들어왔다. 이에 황제께서 낙방한 사람을 접견하여 195명을 가려 뽑고, 이들을 이미 합격한 자들과 함께 친히 시험을 주관하시어 127명을 최종 합격시켰다. 이방 등은 얼마 후 좌천되었다.-『송사』]. 이에 따라 2대 연속으로 과거 합격자를 배출하는 경우가 드물어져 관료 세습이 사라졌습니다. 이처럼 전시는 합격자들의 최종 순위를 결정하는 시험이었는데, 이 순위를 황제가 직접 결정하였던 것입니다. 전시의 성적 순위는 이후 승진 과정에서 절대적 영향을 주었기 때문에 황제에 대한 충성도가 극대화되었던 것이죠.

이렇게 황제가 관리 선발과 승진에 결정적 영향력을 갖게 되자 황제의 독재권이 강화되었고, 과거시험에 합격하기 위해 열심히 공부하는 분위기에서 사대부가 새로운 지배층으로 떠올랐습니다. 중앙에 국립대학인 국자감, 지방 학교인 주학, 현학이 설립되었죠[강남 지역의 노현(路縣)에 각기 행정기관에서 관리하는 토지와 곡식, 돈이 있었다. 여기에서 얻어지는 수입은 삼 년에 한 번씩 실시하는 과거의 향시에 합격한 사람들이 다음 단계에 응시하는 데에 쓰이는 비용으로 사용되었다.-「묘학전례」]. 사대부들은 대개 지주였는데, 평생 공부만 할 수 있을 만큼 경제력이 뒷받침되었기 때문이죠[가난한 사람은 글로써 부유해지고/ 부유한 사람은 글로써 출세할 것이니,/ 어리석은 사람은 글로 어질게 되며/ 어진 사람은 글로 이롭게 될 것이다.-왕안석의 「권학문」]. 그러나 송 후기에는 우리나라의 음서제와 같은 은음(문음)으로 과거시험 없이 관리가 되는 경우도 늘어났습니다.

이 구리거울은 과거제와 관련이 있어.

당시 여성들의 '오자등과 (다섯 아들을 낳아 과거에 합격시키고 싶다는 뜻)' 소망을 담은 물건이야.

오자등과 구리거울

원나라 때 유명무실화된 과거제를 명나라는 다시 강화하였습니다. 과거에 응시하기 위해서는 먼저 주, 부, 현의 공립학교에 입학하여 생원이 되어야 했습니다. 시험 준비 교재는 주자의 『사서집주』였습니다. 생원들이 각 지방의 향시에서 합격하면 거인이 되었고, 거인들이 모여 중앙 예부에서 실시한 회시에 합격한 후 황제가 주관하는 전시에 합격하면 진사가 되었습니다. 이들을 신사층이라고 하는데, 명, 청 시대의 지배층을 이루었습니다. 신사층은 각 지방의 치안 유지, 민중 교화, 세금 징수를 담당하였고, 요역을 면제받는 등의 특권을 누렸습니다. 또한 고리대와 공공사업 감독 등을 하면서 부를 축적하였죠.

고려의 광종은 쌍기의 건의에 따라 과거제도를 이용하여 왕권을 강화하였습니다[한림학사 쌍기의 건의에 따라 그를 지공거로 삼고 처음으로 과거를 시행하게 하였다. 시·부·송 및 시무책을 시험하도록 하여 진사를 뽑고 왕이 친히 나가 발표하였으며 갑과 2명, 명경과 3명, 복과 2명에게 급제를 주었다. 이로써 문풍(文風)이 비로소 떨치었다.-『고려사절요』]. 그런데 관리를 뽑을 때 시험을 봐서 뽑는 과거와 시험 없이 아버지, 할아버지 덕으로 뽑히는 음서가 있었습니다. 과거는 법적으로 양인 이상이면 모두 응시할 수 있었는데 실제로는 귀족들이 주로 응시하여 뽑혔고, 향리의 자제들도 응시하여 뽑히는 경우가 있었습니다. 반면 조선에서는 향리들이 문과 시험에 응시할 수 없었답니다.

고려 전기 과거제 시행 이후 여러 대에 걸쳐 고위 관료를 배출한 가문들이 나타났는데, 이들을 문벌귀족이라고 합니다. 그러다 12세기 후반 차별 당하던 무신들이 정변을 일으켜 권력을 잡았습니다[정중부가 길에서 사람을 시켜 외치기를, "문관은 비록 서리라도 모조리 죽이고 씨도 남겨 두지 마라"라고 하였다. 그러자 사졸들이 봉기하여 (중략) 50여 명을 찾아내

죽였다.-『고려사』]. 무신들은 중방(최고위 무신들의 회의 기구로 무신들이 권력을 잡자 최고 권력 기구가 되었죠)을 중심으로 고위 관직을 독차지하였습니다. 무신 최충헌의 집권 이후 집안 대대로 계승하여 4대 60여 년 동안 정권을 잡았는데, 이를 최씨 정권이라고 합니다. 이와 같이 12세기 후반에서 13세기 후반까지의 100년간을 무신 정권이라고 합니다.

무인의 성장이 중국과 일본에서도 이루어졌습니다. 먼저 중국은 당 말기에서 5대 10국까지 절도사(국경 지방을 지키던 장군으로 행정도 같이 하였죠)들의 시대였습니다. 또한 일본에서는 8세기 지방 호족들이 자신의 토지를 지키기 위해 무장하기 시작하였는데, 이러한 상황에 나타난 계층이 무사였죠. 무사들은 지연, 혈연을 따라 무사단을 결성하여 세력화하였는데, 12세기 가장 대표적 무사단이 다이라 씨와 미나모토 씨였습니다.

12세기 후반 미나모토 씨가 다이라 씨를 무너뜨리고 세운 가마쿠라 막부의 쇼군은 전국의 무사들과 주종 관계를 맺었습니다. 이처럼 주종 관계를 맺은 무사를 고케닌이라고 하고, 이러한 지배 체제를 고케닌제라고 합니다. 쇼군을 최고 통치자로 하는 막부는 전국에 치안을 담당하는 '슈고'라는 무사와 토지 관리, 조세 징수를 담당하는 '지토'라는 무사를 임명하였습니다. 또한 쇼군과 주종 관계를 맺은 무사(고케닌)들은 그 아래에 무사(게닌)들과 다시 주종 관계를 맺었습니다[오에노 히로모토가 아뢰기를, "세상은 이미 말세여서 (중략) 천하의 반역자는 앞으로도 계속 출현할 것입니다. 미나모토노 요리토모께서 (중략) 이 기회에 제국(諸國)에 명령을 내려 슈고와 지토를 두게 하면, 그다지 두렵지 않게 될 것입니다"라고 하였다.-『아즈마카가미』].

12세기 말 미나모토노 요리토모가
가마쿠라에서 막부를 세우고 천황에게
쇼군의 칭호를 받음으로써 정권을
장악했습니다. 그래서 이 시기를
가마쿠라 막부라고 합니다.

미나모토노 요리토모

또한 천황이 관리를 임명하여 지배하던 국유지를 계승한 토지를 공령이라고 하는데, 이처럼 장원과 공령이 함께 존재했던 것을 '장원공령제'라고 합니다. 장원(귀족, 지방 호족, 사원, 신사 등이 소유한 사유지. 유력 농민인 묘슈가 소농에게 토지를 빌려주고 세금을 거두거나 예속민에게 토지를 직접 경작하게 하였죠. 이렇게 거둔 세금과 수확물을 묘슈가 장원 영주에게 바쳤습니다)이 발전하면서 무사들은 장원의 운영에 적극 개입하였고, 장원이 소농들을 지배하는 체제가 점차 약해져 갔습니다. 이와 같이 막부에서 전국에 임명한 무사(슈고)들은 장원의 조세징수권, 토지관할권을 장악하였는데, 이

들이 다이묘(각 지방의 행정권, 군사권, 사법권, 경제권을
가진 권력자)가 되었죠. 이에 따라 장원공령제는
점차 유명무실해졌습니다.

13세기 말 몽골의 침입을 막기 위해 쓴 방어
비용으로 고케닌들이 몰락하면서 가마쿠라 막
부가 약화되었습니다. 이에 14세기 중반 아시카
가 다카우지가 가마쿠라 막부를 무너뜨리고 무
로마치 막부를 세웠습니다. 곧이어 교토를 중심
으로 한 북조와 요시노 중심의 남조가 각각 천
황을 세워 싸우는 남북조 시대가 60여 년 동안
계속되었습니다. 이 시기의 혼란으로 해안 지방의 일본인들이 왜구가
되어 고려를 자주 침략하였으며, 고려는 홍건적과 왜구의 침입으로 고
통을 받았습니다.

1392년 3대 쇼군 아시카가 요시미쓰가 남북조를 통일하였습니다.
이후 아시카가 요시미쓰는 명으로부터 일본의 국왕으로 책봉을 받았
으며, 명나라와 감합 무역을 하였습니다. 감합이란 일종의 무역허가증
이었죠. 즉 명나라에서 발행한 감합부를 갖고 일본인이 명나라에 입국
하여 무역하는 것을 감합 무역이라고 합니다. 그러나 15세기 후반 쇼
군의 후계자를 둘러싼 다툼(오닌의 난. 무로마치 막부의 쇼군 아시카가 요시마사
는 아들이 없자 동생이었던 요시미를 후계자로 정하였습니다. 그러나 후에 아들을 낳고
후계자를 바꾸면서 각 지방의 다이묘들이 요시마사의 아들을 지지하는 세력과 요시미를
지지하는 세력으로 나뉘어 싸움이 일어났죠)이 벌어져 16세기 후반 도요토미
히데요시가 다시 통일할 때까지 100여 년간 전국 시대(대표적인 전투로 나
가시노 전투가 있죠)의 혼란이 계속되었습니다.

감합

금각사: 일본 교토 소재. 원래 무로마치 막부의 아시카가 요시미쓰가 지은 별장이었는데, 명의 황제로부터 일본 국왕으로 책봉을 받고 명의 사신들을 접대하는 연회의 장소로 주로 이용되었죠. 그러다가 요시미쓰가 죽은 후 사찰로 바뀌었습니다.

다시 고려로 돌아갑시다. 고려 말 급진파 신진사대부들은 과전법 등 사회 개혁을 추진하면서 이성계를 왕으로 내세우며 고려를 멸망시키고 조선을 건국하였습니다(1392). 조선은 과거제를 더욱 강화하여 문과에 합격한 문반과 무과에 합격한 무반, 즉 양반이 지배층으로 성장하였습니다. 16세기 성종 때 사림 세력이 중앙에 진출하기 시작하였는데, 서원과 향약을 이용하여 향촌 사회에서 세력을 강화하였고, 선조 때는 정권을 장악하였습니다. 학연, 이념에 따라 동인, 서인 등 붕당을 만들어 이른바 붕당 정치가 시작되었습니다.

04

성리학의 성립과
발전

　유학은 중국 고대부터 내려오는 전통적인 천명사상, 조상 숭배를
공자가 학문적으로 체계화한 사상입니다. 한나라에서는 진시황제의
법가 사상이 실패한 것으로부터 교훈을 얻어 새로운 통치 이념으로
유학을 선택하였죠. 부모에게 효도하는 것처럼 황제에게 충성을 해야
한다는 이념으로 확장되었으며, 국립대학인 태학 등에서 유학을 가르
쳐 관학화되기 시작하였습니다. 그러나 남북조 시대에 불교와 도교의
성장으로 유학은 쇠퇴하였습니다. 당나라 때 과거시험의 교재로 베스
트셀러가 된 공영달의 『오경정의』는 훈고학을 집대성하였지만 사상의
획일화를 가져와 유학의 침체를 가져오기도 하였죠.

　송나라 때 주희는 성리학을 만들었습니다. 그래서 송나라에서 만
들어진 학문이라고 하여 송학이라고 하고, 주희(주자)가 만든 학문이라
고 하여 주자학이라고도 합니다. 성리학은 인간의 심성과 우주의 원리
를 철학적으로 탐구하는 학문입니다[세계에는 이(理)와 기(氣)가 있다. 이

이(理)는 형이상의 도(道)로서 물(物)을 낳는 근본이다. 기(氣)는 형이하의 기(器)로서 물(物)을 낳는 재료이다. 따라서 사람이나 물이 탄생될 때 이(理)를 받으므로 성(性)을 갖추고, 기(氣)를 받으므로 형(形)을 갖추는 것이다.-『주자대전』. 성(性)은 곧 이(理)이다. 천하의 이는 그 시작하는 곳을 살펴보면 선이 아닌 것이 없다. 희로애락이 밖으로 나타나기 전에는 무엇이든 선하지 않은 것이 없다. 밖으로 나타나서 절도에 맞는다면 또한 선하지 않은 것이 없다.-『근사록』. 치지(致知)가 격물(格物)에 있다는 것은, 나의 지식을 지극히 하고자 한다면 사물의 이치를 궁구해야 함을 뜻한다. (중략) 배우는 자는 반드시 천하의 사물에서 이미 알고 있는 이치를 더욱 궁구해서 극진한 데까지 이르도록 해야 한다.-『대학장구』. 하늘이 명하여 사람에게 부여된 것을 성(性)이라 하며, 성을 따르는 것을 도(道)라 하고, 도를 닦는 것을 교(教)라 한다. (중략) 성(性)은 곧 이(理)이다. 하늘이 음양과 오행으로 만물을 생성할 때 기(氣)로 형(形)을 이루고 이(理) 또한 부여하였다.-『중용장구』]. 불교와 도교의 형이상학적 측면의 영향으로 철학적인 신유학이 나타난 것입니다.

이러한 탐구의 결과 성리학은 대의명분(한마디로 말하면 인간으로서 반드시 지켜야 하는 도리입니다. 명분이란 이름에 맞는 분수를 말합니다. 여기에서 이름이란 사회적 이름, 즉 황제와 신하, 주인과 노비, 지주와 전호 등 상하 관계를 당연한 것으로 합리화하는 근거입니다)을 강조하는 성격을 갖게 되면서 신분제, 지주전호제를 합리화하는 역할을 하게 되었죠.

또한 성리학은 중화사상, 화이론을 합리화한 사상이기도 합니다. 송나라는 문치주의의 결과 군사력이 약화되었고, 거란족(요), 여진족(금)의 침략으로 송나라의 사대부들은 큰 수치심을 갖게 되었습니다. 이러한 수치심을 극복하기 위한 사상이 바로 중화사상과 화이론을 합리화한 성리학입니다. 중화사상은 중국이 세계의 중심이라는 생각입니다. 즉 세계는 중심인 중국과 주변의 오랑캐들로 이루어져 있으며, 오랑캐들인 거란족, 여진족 등이 중화 국가인 송나라를 침략하고 위협하는 것은 노비가 주인을 위협하는 것과 같다는 주장이죠.

성리학은 다른 사상에 대해 매우 배타적이었습니다. 특히 도교의 은둔 경향과 불교의 출가 등을 반사회적이고 비윤리적인 행위라고 비판하였습니다. 은둔, 즉 사회로부터 떨어져 숨는 것이나 부모 등을 떠나 출가하여 스님이 되는 것은 불효하는 것으로 반사회적, 비윤리적이라는 주장이었죠. 그래서 사대부들은 자신들의 성리학을 현실적인 학문, 즉 실학이라고 부르며, 도교와 불교는 헛된 학문, 즉 허학이라고 비판하기도 하였습니다.

성리학의 기본적인 입장은 이기론입니다. 우주 만물의 성립과 존재를 이와 기로 설명하는 철학이죠. 이(理)는 항상 올바른 보편적 이치를 말하며, 기(氣)는 물질적 근원을 말합니다. 주희는 '성즉리'라 하여 인간의 본성인 성(性)이 곧 우주의 이치인 이(理)라는 주장을 하였습니다. 또한 거경궁리(잡념, 망상을 없애고, 인간의 본성인 이를 밝히는 것)와 격물치지(사물의 의미를 끝까지 탐구하여 깨달음에 이르는 것)를 통해 인간의 본성을 회복할 수 있다고 주장하였죠.

이러한 연구 결과 주희는 『사서집주』를 저술하여 『대학』, 『논어』, 『맹자』, 『중용』 등 4서를 성리학의 핵심으로 보고, 4서의 내용에 주석을 달아 그 의미를 설명하였습니다. 이후 『사서집주』는 과거시험의 교재로 큰 인기를 얻게 되어 절대적인 권위를 갖게 되었죠. 특히 『대학』의 8조목(격물, 치지, 성의, 정심, 수신, 제가, 치국, 평천하)은 동아시아 각국 성리학자들의 기본 소양이 되었으며, 지금도 동아시아 각국의 사회지도자들에게 요구되는 덕목입니다. 정치인들이 자식이나 가족의 잘못 때문에 사과하는 경우가 있는데, 바로 이러한 덕목을 갖추지 못했기 때문이죠. 또한 『근사록』은 주희와 여조겸이 함께 주돈이, 장재, 정호, 정이의 글에서 학문의 중요한 문제들과 일상생활에 필요한 부분을 발췌해 실은 책입니다.

명나라의 홍무제는 몽골족을 몰아내고 한족의 문화를 되살리기 위해 성리학을 강조하였습니다. 특히 영락제는 『성리대전』을 편찬하도록 하여 성리학을 과거시험에 출제하여 관학화하였습니다. 또한 서원과 향약이 전국 각지에 만들어지면서 성리학은 더욱 많은 연구가 이루어지고 발전하였습니다. 서원은 원래 선현의 제사를 목적으로 만들어졌지만 성리학 연구와 교육이 이루어진 사립 교육 기관의 역할을 하였습니다. 향약은 상부상조, 즉 서로 돕는 공동체 정신과 유교 윤리를 결합시킨 향촌 자치 규약으로 북송 때 여씨 향약이 최초였습니다.

성리학이 우리나라에 처음 소개된 것은 언제였을까요? 원 간섭기였던 충렬왕 때 안향은 원으로부터 성리학을 처음으로 소개하였습니다. 이어서 충선왕 때 이제현은 원의 수도 대도(현재 베이징)에 있었던 만권당에서 원의 학자들과 교류하고 귀국하여 이색 등에게 성리학을 전파하였습니다. 이색은 정몽주, 정도전 등에게 성리학을 전파하였죠. 이렇게 신진사대부들은 성리학을 수용하여 공부하기 시작하였습니다[성균관을 중수하고 이색을 판개성부사 겸 성균관 대사성으로 임명하였으며, 생원을 증원하고 경학(經學) 학자인 김구용, 정몽주 등을 선발해 교관을 겸임하게 하였다. 이색은 학칙을 변경하여 매일 명륜당에서 경서를 나누어 수업하고, 강의를 마친 후에 학생들과 더불어 토론하였다. 성리학은 이때부터 흥기하였다.-『고려사』].

신진사대부들은 성리학을 내세워 권문세족의 잘못과 불교의 폐단을 비판하는 등 고려 사회의 문제점을 개혁할 것을 주장하였습니다.

이와 같이 성리학은 고려 말의 개혁과 조선 건국 과정에서 신진사대부의 사상적 기반이 되었습니다. 이 과정에서 신진사대부들이 두 세력으로 나뉘었는데, 바로 온건파와 급진파입니다. 특히 정도전 등 혁명파는 불교의 문제점을 비판하고 새로운 국가 이념인 성리학을 중심으로 통치해야 한다고 주장하였습니다.

안향

조선 시대에 들어와 과거시험을 준비하기 위한 교재로 『사서집주』가 중요해졌습니다. 16세기에는 인간 내면의 도덕성에 대한 이론이 발전하였습니다. 먼저 이황은 주리론의 대표적 학자로서 『성학십도』 등을 저술하였는데, 인간의 심성을 중시하는 등 이상주의적 성격을 갖고 있다고 평가받습니다. 이황의 사상은 일본에도 전해져 일본의 성리학에도 영향을 주었습니다. 또한 이이는 주기론의 대표적 학자로서 『성학집요』 등을 저술하였으며, 기의 역할을 강조하여 현실적 성격을 갖고 있어서 통치체제 정비를 주장하거나 수미법 등의 수취 제도 개혁을 주장하기도 하였습니다.

향약은 중종 때 조광조가 처음 시행하였고, 지방 사림들을 중심으로 전국 각지로 퍼져 나갔습니다. 향약은 우리 민족의 공동체 조직과 미풍양속을 이어받고, 유교 윤리(삼강오륜)를 강조하면서 백성들을 교화하여 향촌의 질서와 치안을 유지하는 등 자치 기능을 하였습니다. 향약과 함께 지방 사림들의 지위를 강화시켜 준 것이 바로 서원입니다.

처음 만들어진 서원이 풍기군수 주세붕이 세운 백운동 서원(현재 소수
서원)입니다. 서원은 원래 선현을 숭배하고 제사 지내는 곳이었는데, 지
방 유생들이 서원에 모여 학문을 연구하고 인재를 모아 가르치기도 하
는 일종의 학교였습니다.

심성론, 수양론을 강조한 조선은 『주자가례』에 따라 부모의 3년상
을 치르고, 가묘, 문묘 등을 만들었죠. 조선 중기 이후에는 적장자, 즉
큰아들 중심으로 제사를 지내고, 같은 성끼리 결혼을 금하는 동성불
혼이 강화되었고, 시집살이, 안채와 사랑채의 구분, 사당의 태극무늬
장식 등이 일반적이었습니다. 또한 성리학에 따라 주술적인 치료가 잘
못되었다고 부정하여 약재 연구가 강화되어 『향약집성방』, 『동의보감』
이 편찬되었습니다.

성리학에서는
이러한 태극무늬가
우주 만물의 근원인 이(理)를
상징한다고 생각합니다.

일본에 성리학이 전래된 것은 가마쿠라 막부 때입니다. 주로 승려
들이 연구하였기 때문에 큰 영향을 주지는 못했습니다. 그러다가 정유
전쟁 때 일본에 포로로 끌려간 조선의 강항에 의해 일본에 이황의 성

리학이 전달되었습니다[오사카에 있는 그 많은 책은 실로 천하의 장관이다. 우리나라 선현들의 문집 중에 왜인이 가장 귀하게 여기고 존중하는 것으로는 『퇴계집』을 따를 만한 것이 없다 이 책을 집에서는 읽고, 서당에서는 강론한다.-『해유록』]. 후지와라 세이카는 강항을 통해 성리학의 이해를 심화시켰으며, 『사서오경왜훈』을 간행하였고, 하야시 라잔, 야마자키 안사이 등의 제자를 가르쳤습니다.

하야시 라잔은 성리학을 바탕으로 에도 막부의 의례와 제도를 정비하였으며, '상하 정분(定分)의 이(理)'를 바탕으로 사농공상의 신분제를 강화하는 데 공헌하였습니다[우리나라의 유학 박사는 옛날부터 한나라, 당나라의 주석을 읽고 경전에 점을 찍어 일본어식 훈(訓)을 달았을 뿐이다. 정주(程朱)의 서적에 이르면 아직 십분의 일도 모르며 이를 아는 사람도 드물다. 이에 후지와라 세이카께서 아카마쓰 히로미치에게 권유하고, 강항 등에게 사서오경을 정서하게 하였다.-『하야시 라잔 전집』]. 또 야마자키 안사이는 일본의 성리학을 집대성하였으며, 주희가 쓴 『사서집주』와 『근사록』을 강조하고, 신도를 이기론으로 해석하여 성리학과 신도를 결합하려는 시도를 하였습니다.

이와 달리 일본의 성리학은 사회 안정, 질서 확립을 위한 통치 이념으로 발전하였습니다. 게다가 일본은 불교와 신도의 영향력이 강한 나라였기 때문에 성리학이 사회 전반에 뿌리내리지 못하였죠(가묘, 종묘도 없었으며, 혼례는 신도를 따르고, 장례, 제례는 불교를 따랐죠). 그러나 에도 막부에서는 유시마 성당(공자를 모시는 대성전으로 유학 교육이 이루어짐)을 만들어 학교의 역할을 하게 하였습니다.

유시마 성당: 에도 막부 5대 쇼군 도쿠가와 츠나요시가 지은 공자 묘(廟)

동아시아 지식인들은 국제 교류도 활발하게 전개하였습니다. 충선왕이 원의 대도(현재 베이징)에 세운 만권당에서 이제현 등 고려의 학자들은 원의 학자들과 교류하였습니다. 조선 시대에 이수광은 북경의 회동관에서 베트남의 사신을 만나 필담으로 대화하며 학문적 교류를 하였죠. 이때 이수광의 시문이 베트남에 널리 알려지기도 하였습니다. 홍대용, 박지원 등도 연행사로 중국을 다녀온 경험을 바탕으로 청의 문물을 배우자는 북학파가 되었습니다. 또한 정약용은 『논어고금주』에서 일본의 고학을 조선에 소개하였고, 김정희는 청의 옹방강 등 학자들과 친교를 맺어 금석학, 경학에서 업적을 남겼으며, 일본의 유학에도 관심을 가졌죠.

조선은 일본에 '통신사'라는 사절을 12회 파견하였는데, 일본은 이들을 통해 조선의 선진적인 문물을 배웠습니다. 통신사가 지나는 길에 머물던 객관에 일본학자들이 찾아와 조선 사신들과 필담을 나누고, 시문을 주고받았으며, 글(휘호)과 그림(서화)을 받으려고 난리가 났죠. 이때 받은 글과 그림을 집안 대대로 가보로 삼아 지금까지 보존한 경우도 많다고 합니다.

05

동아시아 교류의
활성화

카라코룸

대도
(베이징)

인도양

☐ (가) 제국의 최대 영역

(가) 제국은 몽골 제국입니다.

    몽골 제국은 동서 무역이 발달하여 세계 무역 시장이 형성되었습니다. 고려 역시 세계 무역에 참여하여 고려의 자본을 국제 무역에 투자하거나 서역의 상인이 고려에 왕래하며 무역을 하였습니다. 상업과 무역의 발달로 동아시아 각국은 화폐를 많이 발행하였는데, 송은 세계 최초의 지폐인 교자, 남송은 회자, 원은 교초를 발행하였죠. 고려는 원 간섭기에 원의 화폐인 교초가 유통되기도 하였고, 고려 말 조선 초에는 우리나라 최초의 지폐인 저화를 발행하였지만 거의 사용되지 않았습니다. 대다수 백성들은 자급자족에 익숙했기 때문에 화폐보다는 쌀, 베, 면포(고려 말 이후) 등을 화폐처럼 사용하였답니다.

일본에서는 헤이안 시대, 가마쿠라 막부 시대에 송, 원에서 들여온 동전을 사용하였으며, 무로마치 막부 시대에는 명의 동전이 유통되었습니다. 이에 따라 막부와 다이묘들이 조세, 연공을 화폐로 걷는 경우도 나타났습니다. 화폐 유통이 활발해지면서 금융업자들이 나타났고, 장거리 교역에서 환, 어음 같은 신용화폐가 사용될 정도였습니다.

해상 무역도 활발하여 항저우, 취안저우 등 항구에는 시박사가 설치되어 무역을 통제하였습니다. 특히 취안저우는 고려, 일본, 베트남, 동남아시아를 연결하는 동아시아 교역망의 중심 항구였습니다. 동서 교류와 무역의 발달과 함께 원에서 발행한 화폐인 교초가 유라시아 대륙 전역에서 사용되었습니다. 원 말기에는 교초를 마구 찍어 내어 통화량이 폭증하면서 인플레이션 현상이 발생하여 경제적 혼란이 일어났습니다. 몽골 귀족들은 티베트에서 나타난 불교인 라마교를 믿었는데, 라마교 행사에 많은 돈을 썼기 때문에 재정이 악화되기도 하였죠.

몽골 제국은 아시아와 유럽에 걸치는 대제국이었기 때문에 동서 교류가 더욱 활발하여 이슬람 상인(이븐바투타), 유럽인들(로마 교황이 보낸 사절, 마르코 폴로)의 왕래가 잦았고 무역 활동도 활발하였습니다. 이와 같은 왕래로 화약, 나침반, 활판 인쇄술이 서양으로 전파되고, 이슬람의 천문학, 역법(수시력), 수학 등 자연 과학이 원에 전해졌습니다. 또한 이슬람교, 크리스트교가 원나라에 전파되어 이슬람교 사원, 크리스트교 성당이 만들어졌습니다. 이러한 문화 교류의 영향으로 조선 초기에 세계 지도인 「혼일강리역대국도지도」, 역법서인 『칠정산』 등이 만들어지기도 하였죠.

원나라에서 가장 하층민으로 차별당하던 한족들이 백련교도의 난을 일으켰습니다. 이어 홍건적 출신의 주원장은 1368년 강남 지방의 금릉(현재 난징)을 중심으로 명을 건국하고, 몽골족들을 만리장성 북쪽으로 몰아냈습니다. 한족의 나라를 되찾은 홍무제는 황제권을 더욱 강화하였습니다. 먼저 승상제를 폐지하여 6부를 황제 직속으로 두어 모든 결정을 황제가 하였으며, 행정, 군사, 감찰 등 모든 권한을 황제에게 집중하였죠. 또한 대명률, 대명령 등 법률을 재정비하고, 이갑제(부유한 이장호 10호와 보통의 갑수호 100호를 합친 110호를 1리로 하여 이장을 통해 관리하였죠)로 향촌을 조직하여 지방 최말단까지 중앙 집권이 이루어졌습니다. 홍무제는 한족의 문화를 되살리기 위해 몽골 풍습을 금지하고, 성리학을 통치 이념으로 삼아 국가 인재를 교육하고, 과거제를 통해 중앙 관리를 선발하였습니다.

홍무제가 죽고 그 뒤를 이어 손자인 건문제가 황제가 되었습니다. 홍무제의 넷째 아들인 영락제는 '정난의 변'이라는 쿠데타를 일으켜 조카 건문제를 몰아내고 황제가 되었습니다. 자신의 근거지였던 베이징으로 수도를 옮기고, 황제를 보좌하는 내각대학사를 두어 황제권을 더욱 강화하였습니다. 영락제는 이러한 권력 강화를 바탕으로 대외 원정에 나서 몽골을 정벌하고, 베트남의 대월국 수도 탕롱(하노이)을 일시 점령하였습니다. 그리고 조선, 일본, 베트남, 류큐 등 주변국들과 조공·책

봉 관계를 다시 맺기 시작했습니다.

또한 환관이었던 정화를 시켜 해외 원정을 하도록 하였습니다. 정화의 대선단은 동남아시아, 인도를 거쳐 아프리카까지 도착하여 명나라의 이름과 국력을 알렸습니다. 이에 각국의 사신과 상인들이 명나라에 와서 조공을 바치고 회사를 받아 돌아갔습니다. 이를 이른바 조공 무역이라고 합니다.

다음은 이와 관련된 내용이 담긴 개빈 멘지스가 쓴 『1421: 중국, 세계를 발견하다』 중 일부입니다.

정화의 석상

중국은 지상의 모든 나라들 위에 우뚝 섰다. 아시아, 아라비아, 아프리카, 인도양 등 사방 곳곳에서 왕과 사신들이 베이징으로 모여들었다. 한 치의 오차도 없이 정확히 대양을 항해하고 돌아온 거대한 선박들로 이루어진 선단이 황제에게 예를 표하러 오는 통치자와 사신들을 싣고 왔다(정화의 해외 원정으로 명나라의 국력을 과시하게 되었고, 주변국에서 사신을 보내 조공을 바쳤음을 알 수 있죠).

정화의 해외 원정이 끝난 이후 명은 더 이상 해외 원정을 하지 않았고, 오히려 중국인들이 해외로 나가는 것을 금지하였습니다. 이를 해금(해외로 나가는 것을 금지) 정책이라고 합니다. 하지만 무역에 종사하던 중국인들은 해금 정책으로 무역을 하기가 어렵게 되자 아예 동남아시아로 빠져나가기 시작해 중국과 밀무역을 하며 먹고살게 되었고, 화교

사회가 나타나기 시작하였습니다.

이와 같이 명이 조공 무역의 횟수와 규모를 제한하고, 사무역을 금지하자 몽골 고원에서는 타타르, 오이라트 등이 침략을 일삼았고, 바닷가에서는 왜구들이 침략을 하였죠. 이를 '북로남왜'라고 합니다. 이에 명은 만리장성을 다시 고쳐 쌓아 타타르, 오이라트의 침략에 대비하고, 왜구의 진압과 함께 일부 지역에서는 사무역을 허용하기도 하였습니다.

조선의 기본적인 외교 원칙은 사대교린 정책이었습니다. 명나라와는 사대, 여진, 일본, 동남아시아 각국과는 교린이 기본 원칙이었죠. 조선과 명의 관계는 처음에는 좋지 않았습니다. 그러나 태종 이후 조선은 명나라에 대한 사대 정책을 유지하였습니다. 사대 정책은 큰 나라를 섬기는 정책으로 명나라 중심의 국제 질서를 인정하는 것이었지만, 명의 구체적인 내정 간섭은 없었습니다. 조공 관계는 중국 중심의 국제 질서일 뿐 서로의 독립성이 인정되는 국제 관계였습니다.

여진, 일본, 동남아시아 각국과는 교린 정책이 기본적인 외교 원칙이었습니다. 교린 정책은 이웃 나라와 사귀는 정책, 즉 친구처럼 대등한 관계로 교류하는 것입니다. 여진과는 사신들이 왕래하면서 무역을 하도록 허락하였고, 국경 지방에 무역소를 두고 국경 무역을 허락하였습니다. 이러한 교린 정책에도 불구하고 약탈하러 국경을 침입하는 여진족들에 대해서는 정벌을 하였던 것입니다. 일본의 왜구들이 고려 말 이후 계속해 온 약탈을 중단하지 않자 세종 때 이종무가 토벌군을 이끌고 가서 왜구의 소굴인 쓰시마섬을 토벌하였습니다.

약탈 중단을 약속받은 조선은 3포(부산포, 제포-진해, 염포-울산)를 개항하고 범위를 제한하여 무역을 허용하였습니다. 그러나 16세기에 들어

이 건물은 류큐 왕국의 수도였던 슈리성의 정전입니다.
류큐 왕국은 1609년 사쓰마번(藩)의 침략을 받았고, 1879년
일본에 강제 병합되었는데, 현재의 일본 오키나와입니다.

일본은 삼포왜란, 을묘왜변 등을 일으키며 조선과 분쟁을 일으키기도
하였습니다.

일본은 아시카가 요시미쓰가 남북조를 통일하여 무로마치 막부를
열었습니다. 특히 명과 국교를 수립하여 아시카가 요시미쓰는 명 황제
로부터 일본 국왕으로 책봉을 받기도 하였죠. 이후 16세기 중엽까지
감합 무역을 하면서 교류를 활발하게 하였습니다. 감합이란 일종의 무
역허가증이었죠. 즉 명나라에서 발행한 감합부를 갖고 일본인이 명나
라에 입국하여 무역하는 것을 감합 무역이라고 하는 것입니다. 15세기
후반 쇼군의 후계자를 둘러싼 다툼(오닌의 난)이 벌어져 16세기 후반 도
요토미 히데요시가 다시 통일할 때까지 100여 년간 전국 시대의 혼란
이 계속되었습니다.

또한 류큐(현재 일본 오키나와)는 15세기 류큐 왕국을 수립한 후 명을

중심으로 한 조공 무역의 발달과 해금 정책의 영향으로 동중국해와
남중국해를 연결하는 중계무역의 중심지로서 번영하였답니다.

IV

동아시아 사회의
지속과 변화

01

17세기 전후
동아시아 각국의 전쟁

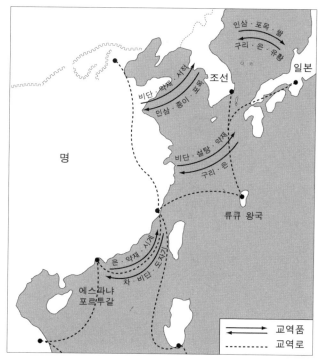

16세기 동아시아 교역망

명나라에서는 농업, 상공업의 발달로 쌀, 상품작물의 생산이 늘어나고 은이 화폐로서 유통되었습니다. 또한 빈부격차가 심화되었고, 농민들의 세금 부담도 늘어났는데, '북로남왜'의 방어 비용으로 국가 재정은 더욱 악화되었습니다. 몽골 고원에서는 오이라트(15세기 중반 명 황제 영종은 오이라트와의 전투 중 토목보에서 포로로 잡히는 '토목보의 변'을 당하기도 하였죠), 타타르(16세기 중반 타타르가 베이징을 포위하여 명나라가 큰 위기에 빠졌습니다) 등이 침략을 일삼았고, 바닷가에서는 왜구들이 침략을 하였죠(닝보에서는 감합 무역의 주도권을 둘러싸고 일본 무역선끼리 충돌하였죠). 이를 '북로남왜'라고 합니다.

포르투갈 상인들은 일본과 교역을 통해 조총을 팔고, 은을 받아 중국에서 비단, 차, 도자기를 구입하였습니다.

에스파냐 상인들은 필리핀 마닐라에 무역 기지를 건설하고 멕시코에서 가져온 은으로 중국의 비단, 차, 도자기를 구입하였습니다.

유럽 상인들의 동아시아 진출

신항로 개척에 따라 16세기 중반 포르투갈은 명나라로부터 마카오 거주권을 획득하여 동아시아 중계 무역의 거점으로 이용하였으며, 특히 명나라 말기에는 예수회 선교사들이 중국인들에게 크리스트교를 포교하였습니다. 에스파냐는 필리핀 마닐라를 갈레온 무역(무역과 군사용으로 제작된 대형 선박을 갈레온선이라고 합니다. 갈레온선을 이용하여 이루어진 무역을 갈레온 무역이라고 합니다)의 중심지로 만들어 아메리카 대륙에서 가져온 은으로 명 상인들로부터 비단, 도자기, 면직물 등을 샀습니다. 이러한 상황 속에 일조편법 등 장거정의 개혁으로 잠시 국가 재정이 좋아지기도 하였지만, 장거정이 죽자 명나라는 다시 쇠퇴하였습니다.

일본에서는 16세기 중반 포르투갈 상인들이 일본과 무역을 하며 조총을 팔았고, 예수회 선교사들이 일본인들에게 크리스트교를 포교하였습니다. 네덜란드는 16세기 말 아시아에 진출하여 일본 나가사키를 통해 무역을 하였습니다. 당시 일본은 15세기 중반 오닌의 난 이후 100여 년간 전국 시대가 계속되었습니다. 16세기 중반 포르투갈의 조총을 주력 무기로 채택한 오다 노부나가는 전국 시대를 통일해 나갔습니다. 그러나 오다 노부나가는 암살되었고, 그의 후계자가 된 도요토미 히데요시가 전국 시대의 혼란을 통일하였습니다. 이후 도요토미 히데요시는 전국적인 토지조사사업(검지)을 하고, 석고제(쌀의 단위인 '고쿠'로 토지의 생산력을 표시한 제도로 과세의 기준이 됨) 실시, 도량형 통일, 무기몰수령(도수령), 신분 이동 금지(무사, 조닌-상공업자, 농민의 신분제를 엄격히 하였습니다. 이후 무사, 조닌은 도시-조카마치에 살았으며, 농민은 농촌에 거주하였죠) 등의 정책을 실시하였습니다.

도요토미 히데요시는 조선에 정명향도(일본이 명나라를 정복하는 데 조선이 앞장서라!)를 요구하였지만 조선은 당연히 거부하였죠[나(도요토미 히데요시)는 그대 나라의 길을 빌려 산과 바다를 건너 곧장 명으로 쳐들어가 그 400주를 모두 우리의 풍속으로 바꿀 것이다.-『일본외사』]. 결국 일본이 조선을 침략하여 임진 전쟁이 시작되었고(1592), 전쟁에 대한 대비가 소홀했던 조선은 당시 왕이었던 선조가 압록강 근처의 의주까지 도망갈 정도로 급속도로 무너져 갔습니다[왕께서는 전란 중 의주까지 파천하셨으며 명에 호소하여 병력을 청해 그들을 토벌하셨다. 그러나 팔도가 도탄에 빠지고 종묘가 잿더미가 되었으며 선릉과 정릉이 파헤쳐지는 망극한 변이 있었으니 …… 저들은 우리와 하늘을 함께 이고 살 수 없는 원수이다.-『정묵당집』. 아! 이 전쟁은 참혹하였다. 수십 일 사이에 삼도(서울, 개성, 평양)를 지키지 못하였고 온 나라가 산산이 부서져 임금께서는 서울을 떠나 피난길에 오르셨다. 그럼에도 불구하고 오늘이 있게 된 것은 하늘이 도운 까닭이다. 또한 백성들이 나라를 생각하는 마음이 그치지 않았기 때문이며, 임금께서 지극한 정성으로 명나라 황제의 마음을 움직여 구원병이 여러 차례 도착했기 때문이다. 『시경』에 '내 지난 잘못을 반성하여 후환이 없도록 삼간다'고 하였으니 이것이 내가 이 책을 저술한 까닭이다.-『징비록』].

이순신이 이끈 수군은 철저한 준비 덕분에 한산도 대첩 등 여러 해전에서 연승을 거두면서 남해의 제해권을 장악하였습니다. 한편, 전국 각지에서 의병이 일어나 자발적으로 왜군에 맞서 싸우기 시작하였습니다. 조선이 급속도로 무너지는 것에 놀란 명나라도 원군을 파병하였습니다[조선은 동쪽 변방에 끼어 있어 우리의 왼쪽 겨드랑이에 해당됩니다. 만일 일본이 조선을 빼앗아 차지한 뒤 랴오둥을 엿본다면 1년도 안 되어 베이징이 위험해질 것입니다. 따라서 조선을 지켜야만 랴오둥을 보호할 수 있습니다. -『해방찬요』]. 드디어 조·명 연합군은 반격을 시작하여 평양성을 탈환하였고, 왜군은 남쪽으로 후퇴하여 경상도 바닷가를 따라 주둔하면서 명과 일본 사이에 휴전 협상이 시작되었습니다.

일본의 무리한 요구 조건(명의 공주를 일본 왕의 후궁으로 보낼 것, 조선의 4도를 일본에 할양할 것, 명은 감합 무역을 재개할 것)으로 휴전 협상이 결렬되자 일본군이 다시 침략을 시작했는데, 이를 정유 전쟁이라 합니다. 그러나 도요토미 히데요시가 죽자 일본군은 전쟁을 포기하고 일본으로 철수를 하게 되었는데, 마지막으로 일본군에게 큰 타격을 주며 이순신 장군이 전사했던 전투가 노량 해전입니다.

명과 일본의 휴전 협상

임진·정유 전쟁은 동아시아 각국에 많은 영향을 주었습니다. 먼저 조선은 인구가 크게 감소하였습니다. 일본군에 의해 수많은 사람들이 살해되었는데, 그 증거가 바로 지금도 일본에 있는 코무덤, 귀무덤입니다. 일본군의 전공을 확인하기 위해 코와 귀를 잘라 오도록 하여 이를 무덤으로 남긴 것이 코무덤, 귀무덤이죠. 또한 영양실조, 질병 등으로 죽거나 일본에 포로로 잡혀가 인구가 감소하기도 하였죠. 이러한 피해

이 무덤은 임진·정유 전쟁 당시 일본군이 조선인의 귀와 코를 잘라 일본으로 가져온 것을 묻은 것입니다. 귀, 코의 숫자에 따라 전공을 매겼기 때문에 많은 조선인들이 학살당하였다고 합니다.

를 준 일본에 대한 적개심은 커졌고, 명나라의 원군으로 전쟁에 승리하였다는 고마움에 명나라에 대해서는 재조지은(나라를 다시 세워 준 은혜라는 뜻)이라며 사대의식을 강화하였습니다. 특히 양반들은 성리학적 명분론에 따라 신분제 등 상하 질서를 강조하고, 주자의 성리학 해석을 절대화하는 등 교조화되었습니다.

반면에 일본은 문화적으로 큰 발전을 이룰 수 있는 계기가 되었습니다. 조선에서 약탈해 간 금속 활자, 그림, 서적은 물론 포로로 납치해 간 성리학자, 인쇄공, 도공 등으로부터 우수한 문화를 배워 일본 문화를 발전시켰던 것이죠. 전쟁 중에 일본에 끌려간 도공 이삼평은 '도자기의 시조'로 추앙받고 있습니다. 또한 건축 기술자였던 김환은 일본에 포로로 끌려가 구마모토 성을 쌓는 데 큰 역할을 하며 정착하였고, '기무라'란 일본 이름을 갖게 되었습니다. 이와 반대로 일본군으로 참전한 사야가는 조선에 귀순하였고, 조선 조정에서는 그에게 '김충선'이라는 이름과 높은 벼슬을 내려 주었습니다.

전쟁이 끝난 후 일본은 도쿠가와 이에야스가 세키가하라 전투에서 승리하여 정권을 잡으면서 도쿠가와 막부(에도 막부)가 시작됩니다. 에도 막부는 선진 문물을 받아들이기 위해 조선에 국교 재개를 요청하였습니다. 이에 조선은 유정(사명 대사)을 파견하여 일본과 다시 국교를 재개할 것을 합의하고, 기유약조를 맺어 부산포에 왜관을 설치하고 제한적인 교류를 허락하였습니다. 에도 막부는 조선에 통신사를 요청하여 막부의 정치적 위상을 높이는 데 이용하기도 하였죠. 그러나 에도 막부는 명, 청과는 교류하지 않았으며, 조선, 류큐와 교류할 뿐이었습니다.

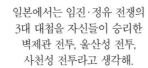

명나라는 전쟁 중 조선을 도우면서 전쟁 비용이 많이 들어 국가 재정이 악화되는 등 더욱 국력이 약화되었습니다. 만력제 때는 국가 재정을 보충하기 위해 세금을 지나치게 징수하는 환관들의 횡포(광세의 폐)에 대한 저항 운동이 전국 각지에서 일어났습니다. 전쟁으로 조선, 일본, 명이 싸우면서 모두 약화된 상황을 이용하여 여진족은 통일을 이루고, 팔기제라는 군사조직을 완성하는 등 세력을 확대하여 누르하치가 후금을 건국하기에 이르렀습니다[사방을 기준으로 정람기, 정홍기, 정황기, 정백기 네 가지 색의 기(旗)를 만들었다. 각각의 기(旗)에 테두리를 두어 양람기, 양홍기, 양황기, 양백기를 만들었으니 이를 합하여 팔기라 하였다. 상삼기(정황기, 정백기, 양황기)는 천자의 친위 부대이다. (중략) 기(旗)에는 각각 도통·부도통·장경·효기·발집 등 관원을 두어 통솔하였다.-『연행기사』].

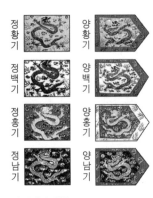

　　명은 후금을 치기 위한 준비를 하면서 조선에게도 임진·정유 전쟁 때의 은혜를 갚으라며 원군을 보내라고 하였습니다. 이에 광해군은 중립 외교 정책으로 대처하였습니다. 일본과의 전쟁으로 국력이 약화된 조선으로서는 명과 후금 사이에서 중립을 지키는 것이 가장 현실적이었기 때문이죠. 광해군은 명의 파병 요구에 어쩔 수 없이 파병을 하였습니다. 그러나 파병하기 전 강홍립을 따로 불러 전쟁이 돌아가는 상황에 따라 이기는 쪽으로 붙도록 명령을 내렸습니다. 결국 후금이 승리하게 되자 강홍립이 이끈 조선군은 후금에 항복하였고, 중립을 지키려는 광해군의 뜻을 전했습니다.

　　이러한 광해군의 중립 외교 정책에 불만을 가진 사람들이 서인이었습니다. 서인은 친명배금(명나라와 친하고 후금을 배척하자)을 내세우며 인조반정을 일으켰습니다. 반정으로 즉위한 인조는 서인들을 중심으로 정치를 하며 친명배금 정책으로 후금을 자극하였죠. 당시 명나라는 모문룡을 보내 후금을 공격하려 하였습니다. 이에 조선은 평안도의 가도에 주둔하고 있던 모문룡의 명군을 도왔습니다. 그러자 후금은 모문룡을 물리치고 조선을 제압하기 위해 쳐들어왔는데, 이를 정묘 전쟁이라 합니다. 그러나 후금은 곧 조선과 화의를 맺고 돌아갔습니다. 이로써 후금은 형이 되고, 조선은 동생이 되는 형제 관계가 되었죠.

　　이후 후금은 국호를 다시 청으로 고치고 이제는 군신 관계를 맺자고 조선에 요구하였습니다. 이에 대한 대응을 두고 조선은 청의 요구를 받아들이자는 주화파와 청과 싸우자는 주전파가 논쟁을 벌였습니다. 결국 주전파가 승리하여 청의 제의를 거절하자 청이 다시 조선으로 쳐들어오는데, 이를 병자 전쟁이라 합니다. 이에 인조는 강화도로 피신하려고 하였으나 길이 막히자 남한산성으로 피난하여 항전을 하였습니다. 결국 고립된 채 식량이 부족해지면서 청에 항복하였습니다. 인조는 삼전도에서 청 태종에게 절하며 군신 관계를 맺었습니다. 이를 삼전도의 치욕이라고 하죠.

한편, 명나라는 후금과의 전쟁에서 패배를 거듭하며 국가 재정이 계속 악화되어 전국적인 농민 반란이 일어났고, 1644년 이자성에 의해 멸망하였습니다. 이에 청을 공격하기 위해 보낸 명나라 장수 오삼계는 청나라에 항복하였고, 오히려 청나라 군의 앞잡이가 되어 베이징으로 입성하였죠. 이렇게 청은 이자성의 반란군을 몰아내고 중국 전체

를 지배하게 되었습니다. 이후 청나라 강희제는 오삼계 등이 일으킨 삼번의 난을 진압하고, 타이완의 정씨 세력을 정벌하여 지배체제를 더욱 강화하였습니다.

일본과의 전쟁에 이어 청과의 전쟁까지 일어나면서 조선은 막대한 피해를 입었습니다. 게다가 많은 사람들이 포로로 끌려가서 몸값을 내고 돌아오는 경우도 많았죠. 인조는 굴욕적인 항복을 하였고, 소현세자와 봉림대군은 인질로 청나라에 끌려갔다 돌아왔습니다. 인조의 뒤를 이어 왕이 된 것은 효종(봉림대군)이었습니다. 효종은 인조와 자신의 치욕을 되갚고 명나라에 복수하기 위해 청나라를 정벌하려는 북벌 운동을 추진하였습니다. 이때 명나라가 멸망하였으므로 조선만이 유일한 중화라고 자부하는 조선중화주의가 나타나기도 하였습니다. 이후 숙종 때 윤휴를 중심으로 다시 북벌을 주장하였습니다. 청나라에서 삼번의 난이 일어나자 이를 이용하여 청나라를 치자는 주장이었지만 삼번의 난이 실패로 돌아가면서 없었던 일이 되었죠.

02

///

동아시아 각국의
사회 변화와 상업의 발전

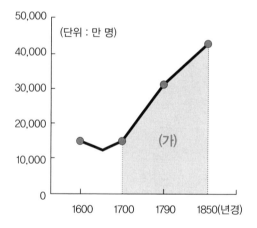

중국의 인구 변화

(가) 시기는 강희제, 옹정제, 건륭제 통치 기간으로 경지 면적이 늘어나고, 의료 기술이 발달하면서 중국 인구가 급증하였습니다.

동아시아 사회는 17세기 이후 상공업의 발전, 신분제 동요, 서양 과학 등의 영향으로 급속도로 변화하고 있었습니다. 청나라는 17~18세기 강희제, 옹정제, 건륭제 통치 기간에 전성기를 누렸습니다. 몽골, 타이완, 티베트, 신장을 정복하여 영토를 크게 늘렸고, 주변국과는 조공·책봉 관계를 맺었습니다. 그러나 18세기 후반 백성들에 대한 수탈은 심해지고, 인구의 급격한 증가(명대 후기 1억 5,000만 명, 18세기 후반 3억 명, 19세기 중반 4억 3,000만 명)로 실업자와 유민 증가, 물가 상승 등으로 백성들은 먹고살기 힘들어졌습니다. 이에 백련교도의 난 등 반란이 발생하고, 이를 진압하기 위한 군사비 증가로 국가 재정은 더욱 악화되었습니다.

도표처럼 청은 높은 관직에 만주족과 한족을 비슷하게 등용하는 만한 병용제를 실시하였어요.

〈관리 명부 통계〉

관직명	만주인	한인
내각대학사	2	2
내각학사	6	4
6부 상서	1	1
6부 시랑	1	1

조선은 숙종 때 일당 전제화가 나타났고, 이에 대한 대책으로 영조, 정조의 탕평책이 펼쳐졌습니다. 하지만 순조, 헌종, 철종 시기의 세도 정치로 다시 혼란에 빠졌습니다. 부농, 상인 등이 신분을 상승시켜 양반층이 급증하였고, 평민과 천민 등은 감소하는 등 신분제의 동요가 심화되었습니다. 이에 양반층은 성리학적 명분론을 내세워 부계 중심의 동족 마을을 형성하는 대응을 하였습니다. 그러나 세도 정치 시기에 수탈당한 농민들이 토지를 잃고 화전민, 노동자, 유민 등이 되어 홍경래의 난, 임술 농민 봉기 등이 일어났습니다.

일본의 에도 막부는 교토에 있는 천황과 귀족들이 정치에 간여하지 못하도록 금지하였습니다. 또한 막번 체제(에도의 막부가 각 지방에 번을 설치하여 다이묘를 통해 중앙 집권을 강화한 봉건제)를 수립하였고, 무사 계급이 농민과 조닌을 지배하는 엄격한 신분제를 강화하였습니다. 그러나 농민의 계층 분화 등으로 막번 체제가 동요하였고, 도쿠가와 요시무네의 개혁으로 잠시 안정되었다가 18세기 말 덴메이 대기근으로 수십만 명이 사망하면서 막번 체제가 동요하였습니다.

성세자생도: 쑤저우의 운하를 오가는 상인들의 모습이 묘사되어 있습니다.

명, 청 시대에는 농업 생산력이 크게 증가하였습니다. 특히 아메리카 대륙이 원산지인 옥수수, 감자, 고구마 등이 전래되면서 식량은 더욱 늘어났습니다. 특히 구황 작물인 감자, 고구마는 인구 증가에 크게 기여하였습니다. 이에 따라 상공업이 더욱 발달하여 산시 상인, 휘저우 상인 등 전국적인 상인들이 활약하였고, 강남의 쑤저우(수공업, 유통 도시), 양저우(소금 생산 도시) 등 도시가 성장하였습니다. 또 중소 상공업 도시인 시진 등이 강남 지역에 크게 늘어났습니다.

조선도 모내기법 등으로 농업 생산력이 증가하였고, 포구와 장시(5일장) 중 도시로 발전하는 경우도 많아졌습니다. 특히 대동법의 시행으로 화폐 사용이 증가하고, 인구가 증가하면서 도시화가 촉진되었으며, 경강상인, 송상, 내상, 만상 등 전국적인 활동을 하는 대상인도 늘었습니다.

일본의 에도 막부는 지방에 번을 설치하였는데, 번의 거점이었던 성 주변에 무사들이 거주하면서 조카마치가 형성되었습니다. 특히 성의 외곽에는 하급 무사들과 조닌(상공업자)이 거주하면서 도시로 발전하였습니다. 에도 막부는 산킨고타이제(다이묘는 1년마다 자신의 영지와 에도에 교대로 거주하며, 처자식들은 에도에 항상 거주하도록 하였습니다. 우리나라의 상수리

히메지 조카마치의 구조

제도나 기인 제도와 비슷한 인질 제도라고 할 수 있죠)로 다이묘들을 통제하는 중앙 집권 체제를 강화하였습니다. 이렇게 다이묘들이 오가는 길을 따라 교통로가 발달하고, 여관업, 상업도 발달하였습니다[다이묘와 쇼묘는 자신의 영지와 에도에 교대로 거주하도록 정하였으니, 매년 4월에 참근해야 한다. - 『무가제법도』]. 특히 막부 직할령이었던 에도, 오사카, 교토 등은 대도시로 성장하였으며, 나가사키, 사카이 등의 상업 도시도 발달하였습니다. 가장 큰 조카마치였던 에도는 막부의 관료들이 거주하고, 산킨고타이를 위해 지방에서 올라온 다이묘와 그 가족들, 조닌들이 모여들면서 18세기 전반 인구 100만의 대도시로 성장하였습니다.

산킨고타이에 따른 다이묘의 행렬

03

새로운 유학의 발전과
서민 문화의 발전

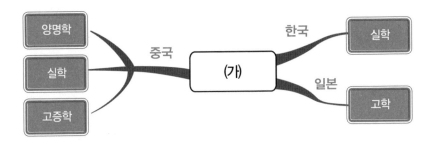

(가)에 들어갈 내용은 '성리학에 대한 비판'입니다.

동아시아 각국의 사회 변화에 적응하지 못한 성리학은 관학화하여
더욱 보수화되었습니다. 이러한 성리학에 대한 반발로 명의 양명학, 청
의 고증학, 조선의 실학, 일본의 고학 등이 나타났습니다. 먼저 명나라
에서 발전한 양명학에 대해 살펴봅시다. 왕수인(호가 양명입니다. 그래서 양
명학이라고 하죠)은 **심즉리**[이(理)란 것은 모두 마음속에 있는 것이며 마음이 곧

이(理)이다. 마음에 사욕의 가림이 없으면 그것이 바로 천리(天理)이니 조금이라도 밖에서 무엇 하나 가져와 보탤 것이 없다.-『전습록』], 즉 **심학을 강조하였고, 이를 받아들여 지행합일**[지식과 행동이 일치해야 함. 즉 학문적 탐구보다 구체적인 실천, 수행을 강조하였죠. 내가 말하는 치지격물(致知格物)은 내 마음의 양지(良知)를 사물에 이르게 하는 것이다. 내 마음의 양지는 천리(天理)이다. 내 마음의 양지인 천리를 사물에 이르게 하면 사물이 모두 그 이치를 얻게 된다. 결국 나의 입장은 심(心)과 이(理)를 합쳐 하나로 하는 것에 불과하다.-『전습록』]을 주장하여 실천적 측면과 함께 인간 평등을 강조하였죠. 또한 『대학』의 격물(格物)을 '사물을 바로잡는다'라고 해석하고, 『대학문』을 저술하였으며, 도덕지(道德知. 직관적인 도덕적 판단 능력)의 실현을 강조하며 모든 사람이 성인이라고 주장하였습니다. 이러한 흐름은 더욱 강화되어 명나라 말기에 실학(경세치용, 실질숭상을 강조하여 경전을 객관적 준거로 삼아 학문의 영역을 음운학, 경학, 역사학, 지리학 등으로 확대)이 강조되었습니다.

왕수인

이후 청나라가 시작되면서 고증학이 발전하였습니다. 고염무, 황종희 등을 중심으로 문헌에 따라 실증적으로 사실을 규명하려는 경향이 나타났습니다. 이러한 경향은 경전, 역사서, 금석문 등을 실증적으로 연구하는 고증학으로 발전하였습니다[나의 어두운 식견과 미약한 재주로는 쉽게 견해를 내지 못하니, 진실로 힘든 교정을 통해 오래된 종이 무더기 속에 파묻혀 실제적인 것에서 진리를 찾아 후세 사람들을 계도하기를 바라는 것이다.-『십칠사상각』. 일반적으로 학문의 길은 공허한 사유(思惟)에서 구하는 것이 사실에서 추구하는 것만 못하니 찬양과 비난을 논의하는 것은 모두 공허한 말일 뿐이다. 역사를 서술하는 사람이 사실을 기록하고 역사를 읽는 사람이 꼼꼼하게 검토하는 목적은 모두 거기서 진실을 확인하려는 것이다.-『십칠사상각』. 문법을 억지로 세워서 마음대로 포폄을 더하고 없애며 필삭의 권력으로 스스로를 명하는 것은 모두 내가 본받고자 하는 바가 아니다. (중략) 오래된 종이 무더기 속에 파묻혀 실제적인 것에서 진리를 찾아 후세 사람을 일깨우길 바라는 것이다.-『십칠사상각』. 어떤 경전이든 역사서든 주석서든 나의 관심은 오직 진실된 것에 있다. 경전이 진실되고 역사서나 주석서가 거짓이라면 경전을 기준으로 역사서와 주석서를 바로잡으면 될 것이다.-『상서고문소증』].

특히 청은 한인 학자들을 회유하기 위해 대규모 편찬 사업을 추진하였습니다. 만주족 지배에 대한 불만을 다른 곳으로 돌리기 위해 학자들이 좋아하는 편찬 사업을 벌였던 것이죠. 이 결과 『강희자전』, 『고금도서집성』, 『사고전서』 등이 편찬되었습니다. 19세기 서양 세력의 침략 등으로 위기가 발생하자 현실을 비판하며 개혁을 추구하는 공양학이 성립하였는데, 캉유웨이 등이 주도한 변법자강 운동의 이론적 토대가 되었습니다.

조선에서는 17세기 정제두 등이 양명학을 연구하였으며, 천주교를 서학으로 수용하여 연구한 후 신앙으로 믿는 양반, 중인들이 나타나기 시작하였습니다. 청에서 전해진 고증학과 서학의 영향을 받으면서 나타난 실학은 경세치용, 실사구시, 이용후생을 주장하며 현실 문제 해결에 관심을 가진 새로운 사상이었죠[재물은 대체로 우물과 같은 것이다. 퍼내면 차고, 버려두면 말라 버린다. 그러므로 비단옷을 입지 않아서 나라에 비단을 짜는 사람이 없게 되면 여공이 쇠퇴하고, (중략) 장인이 작업하는 일이 없게 되면 기예가 망하게 되며 농사가 황폐해져 구제할 수 없게 된다.- 박제가, 『북학의』]. 실학자들은 경전을 재해석하여 주자의 해석이 잘못되었다고 비판하였으며, 국학(중국 중심 세계관을 비판하고, 우리나라의 말, 글, 역사, 지리 등에 대해 연구한 학문)을 연구하거나 농업, 상공업, 자연과학에도 관심을 갖는 등 학문의 영역을 확장하였습니다.

7월 24일
우리 일행이 머물고 있는 집의 주인은 아들이
『사고전서』를 베껴 쓰는 일에 선발되었다고 한다.

7월 11일
베이징에서 셴양에 있는
팔기병의 녹봉을 보내온다고 한다.

→ (가)의 사행 경로
▢ 일기 내용

8월 5일
황제가 머물고 있는 열하를 향해
베이징에서 출발하였다.

6월 26일
우리도 저들처럼 벽돌을
사용하는 등 이용후생에
힘써야 한다.

위 지도와 내용은 실학자 박지원이 청나라에 사신으로 갔다 와서 쓴 『열하일기』(압록강을 건너 40여 일 만에 연경에 도착하였다. 건륭제의 70세 생신을 축하하는 잔치가 열하에서 열린다는 통보를 받고 다시 열하로 서둘러 출발하였다. 건륭제는 즉위 이래 열하의 피서산장에서 해마다 여름을 보낸다고 한다. 피서라고 하지만 실은 만리장성 이북의 몽골족을 방비하기 위함이다)를 바탕으로 하고 있습니다.

일본에서도 17세기 성리학에 대한 반발이 나타났는데, 나카에 도주는 양명학을 연구하여 평등을 강조하였으며, 막부 타도를 주장하는 무사들이 수용하기도 하였습니다. 양명학을 받아들인 구마자와 반잔은 막부의 권력 세습을 비판하였습니다. 또한 고학이 발전하였는데, 고학은 주자의 해석에 이의를 제기하고, 공자, 맹자의 고대 유학으로 돌아갈 것을 주장하는 학문입니다.

일본 역시 국학(일본 고대 문헌에 깃든 일본의 정신으로 돌아갈 것을 주장)이 발전하여 국가주의적 색채를 띠기도 하였는데, 모토오리 노리나가는 『고사기』 등의 고전을 연구하여 일본 문화의 우월성을 주장하였죠[태양신 아마테라스 오미카미가 태어난 일본은 만국의 중심이 되는 나라이고, 그 후손인 천황의 대군주로서의 지위는 불변이며 만세일계(萬世一系)라고 고한 영원한 신의 명령이야말로 도의 근본이다.-모토오리 노리나가, 『고사기전』]. 국학의 서적인 『대일본사』는 천황에 대한 충성심을 강조하여 존왕양이론(왕을 높이고 오랑캐를 쫓아낸다는 뜻으로 천황을 지지하고 서양 세력을 몰아내자는 주장)과 국가 신도(천황과 국가에 충성할 것을 강제하는 등 국교화한 신도)의 형성에도 영향을 주었습니다.

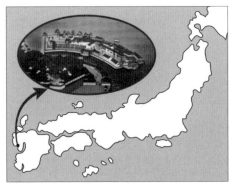

나가사키의 데지마

에도 막부에서는 쇄국 정책을 펼쳐서 나가사키의 데지마만 개항하였고, 서양 국가 중 유일하게 네덜란드와 교역을 하였습니다. 당시 네덜란드를 홀란드(Holland)라고도 불렀는데, 이를 한자어로 화란(和蘭)이라고 합니다. 그래서 네덜란드에서 들어온 과학, 의학 등의 지식을 '란'자에 '학' 자를 붙여 '난학(랑가쿠)'이라고 합니다. 19세기 초에는 막부가 난학 전문 부서를 설치하고, 각 지방에 난학 교습소를 만들었습니다. 스기타 겐파쿠는 『해체신서』(해부학 의서)를 번역하여 간행하기도 하였습니다.

명·청 대에는 서민층이 증가하면서 서민 문화가 크게 발달하였습니다. 『삼국지연의』, 『수호전』, 『금병매』, 『서유기』, 『홍루몽』, 『유림외사』 등 소설이 베스트셀러가 되었고, 공연극의 유행으로 희곡이 간행되고, 청나라 때는 경극이 유행하였습니다. 또한 도시의 생활 모습, 민간 풍속 등을 그린 그림과 연화(정월에 집 안에 붙여 두는 그림) 등이 서민들 사이에 인기를 얻었습니다.

조선 후기 부농의 증가, 신분 상승 등으로 서당에서 교육받는 서민들이 증가하고, 실학이 발달하면서 서민 문화가 발달하였습니다. 『홍

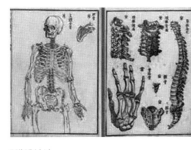

『해체신서』

경극

길동전』, 『춘향전』 등의 한글소설이 유행하였고, 이를 판소리로 꾸민 「춘향가」, 「흥부가」 등이 크게 인기를 끌었습니다. 송파산대놀이, 봉산탈춤, 하회탈춤 등 가면극도 유행하였고, 양반, 기생, 서민들의 생활 모습을 그린 김홍도, 신윤복의 풍속화와 생활공간을 장식하기 위해 동식물을 주로 그린 민화가 유행하였습니다.

평양감사부임도: 판소리 명창 모흥갑의 공연 장면을 그렸죠.

판소리

송파산대놀이

풍속화: 김홍도의 서당도

민화

　일본 에도 막부 때는 조닌(상공업자)이 중산층으로 성장하여 조닌 문화라는 서민 문화가 발달하였습니다. 남녀의 애정, 상인의 생활이 문학의 주요 소재로 이용되었으며, 전통 인형극인 분라쿠와 대중 연극인 가부키, 가면극인 노가쿠가 유행하였습니다. 또한 게이샤(기생), 배우, 풍속 등을 그린 판화 우키요에 등이 큰 인기를 끌었습니다.

가부키

우키요에

분라쿠(文樂): 일본의 전통 인형극으로 검은 옷을 입은 사람들이 인형을 조종합니다.

04

동아시아 각국의 교역과
은의 유통

명나라는 개인 간의 사무역을 금지하고 조공 무역만 허용하는 해금 정책을 실시하였습니다. 조선, 류큐, 베트남 등은 명나라에 조공을 바치고, 명나라는 회사(명이 조공국에게 답례로 주는 물품)를 주고, 새로운 왕이 즉위할 때마다 책봉을 하는 조공·책봉 관계를 맺었습니다. 한편, 일본 무로마치 막부는 명으로부터 일본 국왕으로 책봉을 받고, 감합 무역을 하였답니다. 그러나 조공 무역만으로는 동아시아 각국의 무역 수요를 감당할 수 없었습니다. 그래서 밀무역이 많이 이루어졌는데, 특히 일본 상인들이 명나라 상인과 밀무역을 벌이는 경우가 많았습니다. 16세기 후반에는 해금 정책을 완화하여 명의 상인들이 바다를 건너 동남아시아와 무역을 하도록 허용하였습니다.

삼번의 난이 진압되고 타이완의 정씨 세력이 항복하였으니, 천계령을 해제하라!

위 만화의 황제는 청나라의 강희제입니다. 천계령은 해안 봉쇄령이었는데, 반란을 진압하고 정권이 안정되자 해안 봉쇄를 풀었던 것입니다.

　청나라도 건국 초기 타이완의 정씨(정성공) 세력이 바다를 위협하자 천계령이라는 해금 정책을 실시하였습니다. 그러다가 17세기 말 타이완을 정복한 이후 천계령을 해제하였습니다. 이후 청 상인은 일본 나가사키에 진출하여 에도 막부로부터 신패를 받고 무역을 하였습니다. 또한 청은 18세기 중엽 광저우에서 공행(독점 무역권을 가진 특허 상인)을 설치하여 유럽 상인들과 무역을 하였는데, 특히 영국이 주도권을 장악하였습니다.

초량 왜관이 설치된 곳

(가)

(나)

데지마가 조성된 곳

(다)

공행이 설치된 곳

(가)는 부산, (나)는 나가사키, (다)는 광저우

조선은 명, 청과 조공 무역을 하였으며, 16세기 이후 사신을 따라간 역관, 상인들이 인삼, 은을 가져가 명, 청의 비단, 도자기 등을 수입해 오는 사무역을 하였습니다. 청나라와 조선의 국경 지역에서는 공무역인 개시와 밀무역인 후시가 열리기도 하였습니다. 특히 18세기에는 팔포 무역(사신들이 인삼 10근씩 8꾸러미, 즉 80근을 가져갈 수 있다고 하여 8포 무역이라고 함)이 이루어졌습니다. 조선은 일본과도 무역을 하였는데, 임진·정유 전쟁 이후에는 부산 초량에 설치된 왜관을 통해서 개시와 후시가 열려 무역을 하였답니다.

일본의 무로마치 막부는 명과 감합 무역을 하였습니다. 그러나 16세기 중반 이후 감합 무역이 중단되면서 명나라 해안에서 밀무역을 하고 약탈을 하는 왜구들이 늘어났습니다. 임진·정유 전쟁 이후 에도 막부는 크리스트교를 금지하고, 해안을 봉쇄하였습니다. 17세기 초반에는 주인장(슈인장)을 발급하여 외국과의 무역을 통제하였습니다. 이를 주인장 무역이라고 합니다. 또한 17세기 중엽부터 나가사키만 개항하여 네덜란드 상인과 교역을 허용하였습니다. 17세기 말 천계령 해제 이후 청 상인들과의 교역으로 은 유출이 증가하자 에도 막부는 신패를 발행하여 무역을 규제하였습니다.

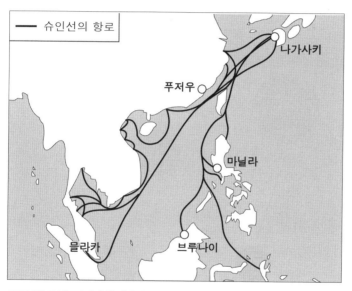

주인선(슈인선): 주인장(슈인장)을 받은 배로 일본 나가사키와 중국 남부, 동남아시아를 연결하는 무역을 했습니다.

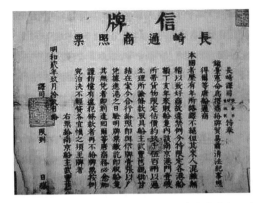

신패: 일본이 청 상선의 수를 제한하기 위해 발행한 문서.

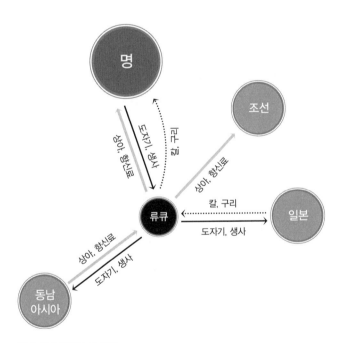

명의 해금 정책과 그 영향

류큐는 명나라의 해금 정책의 영향으로 중계 무역의 중심지가 되었습니다. 류큐는 명, 조선, 일본, 동남아시아의 중심에 위치한 섬나라였기 때문에 모두와 무역을 하였습니다. 류큐는 명에서 도자기, 생사를 수입하여 일본, 동남아시아에 넘겼으며, 일본의 칼, 구리, 동남아시아의 상아, 향료를 수입하여 명, 조선에 수출하였습니다. 그러나 명나라가 16세기 중엽 이후 해금 정책을 완화하자 류큐는 무역이 쇠퇴하였답니다[류큐는 남해(동중국해)의 가운데에 있는데, 남북으로는 길고 동서로는 짧다. 이 나라 사람들은 배를 타고 다니며 장사하는 것을 업으로 삼는다. 서쪽으로는 남만, 중국과 통하고, 동쪽으로는 우리나라(조선), 일본과 통하고 있다. 일본과 남만의 상선들도 수도인 슈리(나하)와 가까운 포구에 모여든다. 백성들은 포구에 점포를 설치하고 교역을 한다.-『해동제국기』].

중계 무역으로 번성한 류큐 왕국!
-보물 특별전-

— 교역로
····· 왕국의 최대 영역

조선

만국진량지종

모시는 글

이번 특별전에 전시된 만국진량지종에는 "우리나라는 만국을 잇는 다리로서, 천하의 물산이 가득 찼다"라고 새겨져 있습니다.

원나라 말기에 교초의 대량 발행으로 교초의 가치가 폭락한 반면에 은의 가치는 급등하였습니다. 명은 초기에 은의 사용을 금지하였지만 상공업의 발달과 함께 점차 은의 사용이 증가하였죠. 명나라 말기에는 유럽 상인들과의 무역으로 은이 대량으로 유입되면서 은이 화폐로서 사용되었고, 일조편법(여러 명목으로 부과되던 세금을 토지세와 정세 두 가지로 단순화함)이 만들어지면서 은으로 세금을 납부하게 되었습니다. 청나라 역시 지정은제(정세를 토지세에 합쳐 1가지로 단순화함)를 실시하여 계속 은으로 세금을 거두었습니다.

조선은 16세기 초 단천 은광을 개발하여 은을 생산하였고, 무역으로 일본의 은이 들어왔지만 명의 비단, 생사 등을 구입하기 위해 은을 지불하여 국내에서는 은이 부족하였습니다. 임진·정유 전쟁 이후 조선은 청에 인삼을 수출하고 비단을 수입하였습니다. 일본에게는 인삼을 수출하고 은을 받았죠. 하지만 일본산 은 역시 청의 비단 수입을 위해 모두 지불되었습니다.

16세기 초 조선에서는 연은분리법(회취법)이라는 은 제련 기술이 개발되었습니다. 함경도 단천에서 김감불, 김검동이 개발한 이 기술은 16세기 중엽 일본에 전해져서 이와미 은광 등에서 사용되었고, 일본의 은 생산량은 전 세계 은 생산량의 1/3을 차지할 정도로 급증하였습니다. 이렇게 생산된 일본산 은은 조선을 거쳐 중국으로 건너가게 되었는데, 이를 '은의 길'이라고 합니다. 또한 이 길을 따라 중국의 비단, 생사, 조선의 인삼이 일본으로 건너갔습니다.

은의 유출이 너무 커지자 에도 막부는 은과 금의 해외 유출을 통제하기 시작하였습니다. 또 은의 순도를 낮추어 은의 유출을 줄이려고 하였으며, 보호 무역 정책을 펼쳤습니다. 특히 인삼을 일본에서 재배하려는 노력도 하였죠. 그러나 조선 인삼의 질이 뛰어났기 때문에 쓰시마에서는 18세기 초 막부에 순도 높은 은화의 제작을 요구하여 '인삼대왕고은'이라는 은화를 만들어 조선 인삼과 교환하기도 하였습니다.

16세기 이후 은(銀)은 세계 무역의 화폐가 되었습니다. 중국은 세계 각국에 비단, 차, 도자기 등을 수출하고 은을 받았죠. 특히 유럽 상인들은 아메리카 대륙에서 생산한 은을 가져와 세계 무역에 사용하였습니다. 에스파냐는 필리핀 마닐라를 거점으로 한 갈레온 무역, 포르투갈은 마카오를 거점으로 한 무역, 네덜란드는 동인도회사를 중심으로 한 무역을 하며 은을 결제 수단으로 사용하였습니다. 이에 따라 중국은 조세가 은납화되었고, 중국의 외국 은에 대한 의존도가 높아졌습니다. 이와 같이 은을 매개로 한 동아시아 교역망은 세계 교역망과 연결되었습니다.

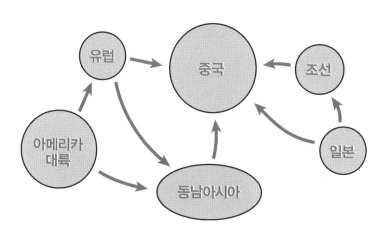

은의 유통 경로

명나라 말기부터 예수회 선교사들이 크리스트교 포교를 위해 중국에서 활동하기 시작하였습니다. 마테오 리치[황허강에서 수도인 베이징으로 왕래하기 위해서는 대운하를 경유해야 한다. 대운하는 세금을 운송하는 선박의 통행을 위해 건설된 것이다.-『마테오 리치의 일기』]는 『천주실의』를 써서 크리스트교에 대한 소개를 하였고, 「곤여만국전도」라는 세계 지도를 제작하여 동아시아인들의 세계관을 넓혀 주었습니다. 또 서광계와 함께 유클리드의 『기하원본』을 공동 번역하여 수학 발전에 공헌하기도 하였습니다. 특히 서광계는 선교사들에게 농업 기술을 배워 『농정전서』라는 농업 서적을 편찬하였습니다.

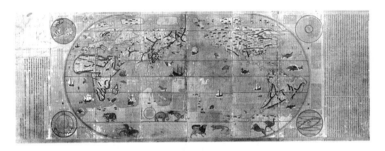

곤여만국전도

이 사람은 명나라 말기에 활동했던 서양 선교사 마테오 리치입니다. 「곤여만국전도」를 제작하고, 『천주실의』를 저술하였습니다.

청나라 때는 예수회 선교사 아담 샬이 시헌력이라는 역법을 개정하는 데 큰 역할을 하였습니다. 또 다른 선교사 카스틸리오네는 서양화 기법을 가르쳐 주고, 원명원(베이징 소재. 황실 정원으로 서양식 건축물도 세웠죠) 설계에도 도움을 주었습니다. 17세기 중반 이후에 전례 문제(예수회 선교사들은 포교 초기에 중국인들의 전통 문화인 공자와 조상에 대한 제사를 인정하였습니다. 그러나 선교사들 사이에 이를 우상 숭배로 보는 문제가 발생하여 결국 중국인 크리스트교 신자들에게 제사를 금지하였습니다)가 발생하여 18세기에는 선교사들이 추방당하였답니다.

조선도 후기에 들어 과학 발전이 이루어졌습니다. 신속은『농가집성』을 저술하여 모내기법을 전국적으로 확산시켰고, 정약전은『자산어보』를 저술하여 바다 동물에 대한 관찰 기록을 남겼습니다. 이제마는 사상 의학을 체계화하여『동의수세보원』을 저술하였고, 정두원은 명에 사신으로 다녀오면서 천리경, 자명종, 세계지도, 천문도, 홍이포 등을 갖고 들어왔습니다. 청으로부터는 아담 샬의 시헌력이 수용되었으며, 송이영은 혼천시계를 제작하였습니다. 특히 청나라에 인질로 끌려갔던 소현세자는 베이징에서 아담 샬과 직접 만나 과학 기술을 접하고, 서양 문물을 가지고 귀국하였습니다.

일본 나가사키로 가던 네덜란드 배들이 난파하여 조선에 표류한 경우도 있습니다. 대표적인 사람들이 바로 벨테브레이와 하멜인데, 대포 제작 기술 등을 알려 주고 조선인들의 세계관을 넓혀 주는 역할을 하였습니다. 또한 서양 과학이 전해지면서「곤여만국전도」는 조선인들의 세계관을 넓혀 주었고, 이익은 지구가 둥글다는 것을 받아들였습니다. 홍대용은 지구가 자전한다는 지전설을 주장하였고, 정약용은『기기도설』을 참고하여 거중기를 제작하였습니다.

나는 청에 볼모로 끌려온
조선의 세자입니다.
서양의 과학 기술이
뛰어나다고 들었습니다.

저는 선교사로 와서
제가 알고 있던 과학 기술을
이용해 조총 제작, 시헌력 반포
등에 기여하였습니다.

소현세자

아담 샬

일본에 가장 먼저 도착한 서양인은 포르투갈 상인들이었습니다. 이들은 조총을 대량 수출하였고, 그 대가로 일본산 은을 받아 갔습니다. 또한 포르투갈과 에스파냐의 선교사들(프란시스코 사비에르)이 들어와 크리스트교 포교가 이루어졌으며, 시계, 안경, 천문학, 의학 등 서양 문물이 전해졌습니다. 특히 영국인 윌리엄 애덤스는 난파하여 일본에 귀화하고 에도 막부의 외교 고문이 되어서 일본 이름을 갖게 되었는데, 그가 바로 미우라 안진입니다. 그는 외교 고문으로서 영국, 네덜란드와의 무역에 역할을 하였고, 나가사키의 '히라도'에 네덜란드 상관이 설치되는 데 큰 역할을 하였습니다.

에도 막부는 17세기 초 크리스트교 금지령을 발표하고, 해안을 봉쇄하였습니다. 이후 에도 막부는 크리스트교 신도들이 관련된 시마바

라의 난을 진압하였으며, 포르투갈 상인과의 무역을 금지하였고, 네덜
란드 상인들만 나가사키 데지마를 통해 무역을 허용하였습니다.

V

동아시아 각국의 근대화

01

개항과
근대화 운동

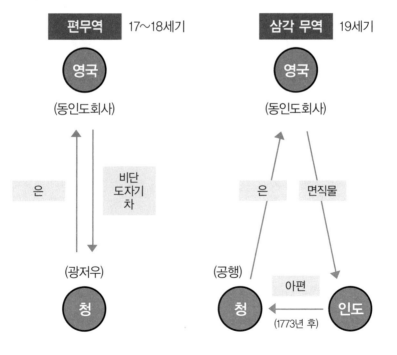

청과 영국의 무역은 17~18세기에는 편무역이었다가 19세기에 삼각 무역으로 변화하였습니다. 편무역이란 청나라에게 일방적으로 유리한 무역이란 뜻입니다. 영국은 청으로부터 차, 비단을 사기 위해 막대한 은을 지불하였지만 청은 영국으로부터 아무것도 수입하지 않았습니다. 즉 청은 무역흑자, 영국은 무역적자의 일방적인 무역이었습니다. 그래서 영국은 못된 방법을 생각해 냈습니다. 영국의 면직물을 인도에 팔고, 인도의 아편을 가져와 청나라 사람들에게 몰래 팔아 은을 회수하였습니다. 이를 영국, 인도, 청의 3국 간 무역이라고 하여 삼각 무역이라고 합니다. 그 결과 청나라는 국가 재정 악화, 아편 중독자 증가 등 폐해가 심화되었습니다.

이에 청나라 정부는 임칙서를 광저우에 파견하여 영국의 상선들을 단속하여 아편을 몰수하고 불에 태워 버렸습니다. 그러자 영국은 밀수범 주제에 오히려 청과 전쟁을 일으켰는데, 이를 아편 때문에 일어난 전쟁이라고 하여 제1차 아편 전쟁(1840~1842)이라고 합니다. 전쟁에 승리한 영국은 청과 난징 조약[1842. 영국인이 가족이나 하인을 데리고 광저우, 아모이, 푸저우, 닝보, 상하이에서 박해나 구속을 받지 않고 상업에 종사하기 위해 자유롭게 거주하는 것을 보장한다./ 청은 영국에 홍콩을 할양하고, 영국은 적당하다고 인정하는 법률로 통치한다./ 종전 광저우에서 통상에 종사하는 영국 상인이 청국 정부의 특허를 얻은 행상하고만 거래를 하도록 강제하던 관행을 없애고, 누구와도 자유롭게 거래할 수 있도록 한다]을 맺었습니다. 주요 내용은 5개 항구의 개항, 홍콩 할양, 공행 폐지 등으로 청에게 일방적으로 불평등한 조약이었습니다. 게다가 추가 조약(1843)에서는 영국에 대한 치외법권(영사 재판권), 최혜국 대우를 인정하여 불평등 조약이 더욱 강화되었습니다.

이후 영국은 청과의 무역을 더욱 확대하고자 했으나 청은 이를 거부하였습니다. 이에 영국은 프랑스와 힘을 합쳐 다시 전쟁을 일으켰는데, 이를 제2차 아편 전쟁(1856~1860)이라고 합니다. 이번에도 청나라는 패배하였고, 베이징까지 점령당하였습니다. 텐진 조약(1858), 베이징 조약(1860)을 맺었는데, 주요 내용은 추가 개항, 외교관의 베이징 주재 허용, 크리스트교 선교의 자유, 영국에 주룽 반도 할양 등이었습니다. 이때 베이징 조약의 중재자를 러시아가 했는데, 그 대가로 연해주를 차지하게 되었답니다.

미국은 일본을 개항시키기 위해 페리 함대를 보내 대포를 쏘며 무력시위를 하였습니다. 개항을 하지 않으면 침략하겠다는 협박이었죠. 에도 막부는 이에 굴복하여 미·일 화친 조약[1854. 시모다 항구는 조약 조인 후 즉시 개항하고, 하코다테는 1855년 3월부터 개항하는 것으로 한다./ 일본 정부가 외국인에 대하여 이번에 미국인에게 허가하지 않았던 사항을 허가했을 때에는 미국인에게도 같은 사항을 허가한다. 이것은 회의를 거치지 않고 즉시 실행할 것]을 체결했습니다. 주요 내용은 2개 항구 개항, 최혜국 대우 등으로 불평등 조약이었습니다. 이어서 맺은 미·일 수호 통상 조약[1858. 시모다, 하코다테 항구 외에 다음 장소를 개항할 것. 가나가와, 나가사키, 니가타, 효고./ 일본에 대해 범죄를 저지른 미국인은 미국 영사 재판소에서 조사하여 미국의 법으로 처벌한다]도 불평등 조약이었습니다. 추가 개항, 협정 관세, 치외법권 등으로 역시 불평등 조약이었죠.

조선은 흥선대원군 집권 시기에는 통상 수교 거부 정책을 펼쳤습니다. 흥선대원군이 물러나고 고종이 친정을 하게 되면서 민씨 정권과 통상개화론자들은 개항을 주장하였습니다. 때마침 일본은 운요호 사건을 일으켜 조선에게 수교와 개항을 요구했습니다. 이에 강화도 조약

[1876, 조선국은 일본국의 항해자가 자유로이 해안을 측량하도록 허가한다]을 체결하였는데, 3개 항구 개항, 해안 측량권, 치외법권 등을 인정한 불평등 조약이었습니다.

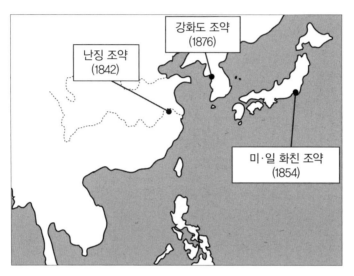

(가)는 난징 조약, (나)는 강화도 조약, (다)는 미·일 화친 조약. 이 조약들의 공통점은 모두 불평등 조약이며, 개항을 명시하고 있다는 것입니다.

베트남은 16세기 포르투갈 상인들과 무역을 하면서 서양 상인들과 교류를 하였습니다. 그러다가 크리스트교 박해를 구실로 프랑스가 침략하였고, 전쟁에 패한 베트남은 프랑스와 제1차 사이공 조약(1862)을 맺었습니다. 주요 내용은 크리스트교 선교의 자유 허용, 동부 3성 할양, 개항, 배상금 지불 등으로 불평등 조약이었습니다.

서양 열강에 의한 개항이 이루어지면서 동아시아 각국은 근대화를 위한 노력을 하기 시작했습니다. 먼저 청나라에서는 태평천국운동(1851~1864)이 일어났습니다. 크리스트교의 영향을 받은 홍수전은 배상제회를 조직하여 멸만흥한(만주족의 청 왕조를 멸망시키고, 한족의 나라를 부흥시키자!)을 주장하며 태평천국을 세우고, 난징을 수도로 삼았습니다. 홍수전은 크리스트교의 영향을 받았기 때문에 평등을 강조하였습니다. 그래서 남녀평등, 전족(여성의 발을 소녀 때부터 성장을 막아 제대로 못 걷게 만드는 악습) 폐지, 토지 균등 분배 등을 주장하여 농민들의 큰 호응을 받았습니다. 그러나 기득권층이었던 신사층이 향용을 일으켜 태평천국군과 싸우고, 서구 열강이 군대를 동원하여 태평천국군을 진압하면서 태평천국운동은 실패로 끝이 났습니다.

향용을 이끌고 태평천국운동을 진압하는 데 공을 세운 증국번, 이홍장 등은 중체서용(중국의 전통적인 문화, 정치 체제 등을 지키면서 서양의 과학 기술만을 수용하자!)을 내세우며 양무운동이라는 부국강병 정책을 추진하였습니다. 근대적인 회사, 공장 등을 설립하여 부국책을 추진하고, 근대 무기 공장 설립, 해군 창설 등으로 강병책을 펼쳤습니다. 또한 근대식 학교 설립, 유학생 파견 등으로 인재를 양성하였습니다. 그러나 1894년 청·일 전쟁에서 패배함으로써 양무운동은 실패로 돌아갔습니다.

일본은 개항 이후 하급 무사들이 중심이 되어 막부를 타도하고 천

황을 중심으로 하여 서양 오랑캐를 몰아내자는 존왕양이 운동을 일으켰습니다. 그 결과 메이지 유신(1868)이 일어나 천황 중심의 중앙 집권 국가를 수립하고 부국강병 정책을 추진하였습니다. 메이지 정부는 우선 이와쿠라 사절단을 미국, 유럽에 파견하였는데, 서양의 발전된 문물을 직접 경험하고 열강들과 맺은 불평등 조약을 개정하기 위한 재협상 등을 목표로 한 사절단이었습니다. 이후 메이지 정부는 폐번치현(다이묘가 지배하던 번을 폐지하고 중앙에서 파견한 관리가 통치하는 현을 설치함), 징병제를 실시하여 중앙 집권 체제를 확립하였고, 근대적 토지세 제도를 마련하고, 식산흥업 정책으로 국가 재정을 강화하였습니다. 또한 신분제는 폐지하였고, 소학교(현재 초등학교) 의무 교육 제도를 도입하였으며, 대학을 설립하였습니다.

이와쿠라 사절단의 이동 경로

이와쿠라 사절단

　신분제 폐지로 불만을 갖게 된 무사들의 불만을 해소하기 위한 대
책으로 정한론(조선을 정벌하자는 주장) 등 침략을 주장하는 세력들이 나
타났습니다. 정한론은 일단 받아들여지지 않았지만 일본은 운요호 사
건을 일으켜 조선을 개항시켰으며, 류큐 왕국을 병합하고 오키나와현
을 설치하여 일본 영토로 만들었습니다.

　일본에서는 1870년대부터 1880년대 전반까지 자유민권운동이 일
어났습니다[현재 권력이 누구에게 있는가 살펴보니, 위로는 천황에게 있지 않
고 아래로는 인민에게 있지 않으며 정부의 관리들에게 있습니다. (중략) 이 사태
를 극복하려면 인민의 투표로 의원을 선출하여 의회를 설립하는 것이 필요합니
다.-「민선의원설립건백서」]. 참정권, 서양식 입헌 제도 도입 등을 요구하
며 자유민권운동이 일어나자 메이지 정부는 탄압과 회유로 막으려 했
지만 결국 1889년 대일본 제국 헌법(메이지 헌법)을 제정하여 입헌군주
제를 실시하였습니다. 그러나 천황에게 모든 권력을 집중하여 근대적
입헌군주제와는 거리가 멀었죠[대일본제국은 만세일계의 천황이 이를 통치

한다./ 천황은 국가의 원수로서 통치권을 총람하고, 이 헌법의 조항에 따라 이를 행한다./ 천황은 육해군을 통수한다./ 천황은 전쟁을 선언하고, 강화하며 제반 조약을 체결한다.-메이지 헌법].

조선은 1880년 통리기무아문을 설치하여 개화 정책을 추진하였습니다. 신식 군대인 별기군을 설치하여 근대식 군사 훈련을 실시하였고, 수신사(일본), 조사시찰단(일본), 영선사(청), 보빙사(미국과 조·미 수호 통상 조약 체결 후 파견) 등 사절단을 파견하여 일본과 청의 근대화 과정을 배우고, 미국, 유럽 등을 돌아보며 서양의 근대 문물을 경험하기도 하였습니다. 그러나 이러한 개화 정책에 반대하는 위정척사 운동이 일어났으며, 1882년 임오군란이 일어나 개화 정책이 중단되고 흥선대원군이 재집권하였습니다. 이에 청은 군대를 파병하여 군란을 진압하고 조선에 내정간섭을 일삼았습니다.

청의 내정간섭이 심해지자 개화 세력은 온건 개화파와 급진 개화파로 분열하였습니다. 온건 개화파는 동도서기(조선의 정신을 지키고, 서양의 과학 기술만 받아들이자!)를 주장하며 청의 양무운동을 모델로 청과의 사대 관계를 유지하면서 점진적 개혁을 추구하였습니다. 반면에 급진 개화파는 청의 내정간섭에 반대하고, 문명개화론(서양의 정신문명과 물질문명을 함께 받아들이자!)을 주장하며, 일본의 메이지 유신을 모델로 급진적 개혁을 추구하였습니다.

1884년 청·프 전쟁에 파병하기 위해 청군 절반(1500명)이 철수하자 급진 개화파들이 일본의 지원 약속을 믿고 갑신정변을 일으켰습니다. 하지만 3일 만에 개입한 청군에 의해 정변은 실패로 돌아갔고, 청의 내정간섭은 더욱 심화되었습니다. 이때 청과 일본은 톈진 조약을 맺었는데, 핵심 내용은 조선에서 청, 일 양국 군대의 철수, 조선에 파병 시

상호 통보 등이었습니다. 특히 상호 통보 조항은 후에 청·일 전쟁이 일어나는 원인이 되었습니다. 한편, 청과 일본은 1871년 이미 청·일 수호 조규[대일본국과 대청국은 더욱 화의를 돈독히 한다./ 양국은 모두 영사관을 두고 서로 영사재판권을 승인한다]를 체결하여 두 나라가 대등한 관계임을 규정하였습니다.

1894년 반봉건, 반외세를 외치는 농민들이 동학농민운동을 일으켰습니다. 이에 청군과 일본군이 조선에 파병되었고, 일본군이 경복궁을 점령한 이후 일본에 의해 갑오개혁이 강요되었습니다. 일본은 풍도 앞바다에 정박하고 있던 청 군함들을 기습 공격하였고, 청·일 전쟁이 일어났습니다. 일본은 평양 전투에서 승리하였고, 랴오둥반도와 산둥반도 일부를 점령하는 등 전쟁을 승리로 이끌었습니다. 그 결과 1895년에 시모노세키 조약을 맺었습니다[청국은 조선이 완전무결한 독립자주국임을 확인한다./ 청국은 펑톈성 남부의 땅(랴오둥반도), 타이완 전체 및 그 부속 제도서, 펑후 제도를 영원히 일본국에 할양한다./ 청국은 군비 배상금으로서 은 2억 냥을 일본국에 지불할 것을 약속한다]. 이로써 일본은 조선에 대한 침략을 더 쉽게 하게 되었으며, 랴오둥반도, 타이완 등을 차지하게 되었습니다. 그러나 러시아, 프랑스, 독일이 삼국 간섭을 하여 일본은 랴오둥반도를 청에게 돌려주었습니다. 이에 조선이 러시아 편으로 돌아서자 일본은 명성황후를 시해하는 을미사변을 일으켰습니다.

위 대화 속 전쟁은 청·일 전쟁입니다.

02

///

제국주의 침략과
그에 대한 저항

    청·일 전쟁에서 승리한 일본은 강화된 국력을 바탕으로 서구 열강들과 재협상을 통해 치외법권을 인정하지 않는 것으로 조약을 개정하였습니다. 또한 일본은 청으로부터 빼앗은 타이완, 펑후 제도 등 식민지를 확보하고, 조선 시장을 독점 확보하였으며, 청으로부터 받은 배상금으로 군사력을 더욱 강화하여 제국주의화하였습니다. 전쟁에 패배한 청은 배상금 2억 냥에 삼국간섭 후 돌려받은 랴오둥반도의 대가로 3천만 냥을 추가로 지불하게 되었습니다. 돈이 없던 청은 서양 열강으로부터 차관을 빌려 배상금을 지불하였는데, 그 대가로 열강들에게 조차지 등 각종 이권을 빼앗겼습니다.

    청·일 전쟁에 패배한 것은 양무운동이 실패로 돌아간 것을 의미했습니다. 이에 캉유웨이, 량치차오 등이 주도한 변법자강운동[1898.

청·일 전쟁 이후 신이 누차 상서를 올려 시국의 위태로움을 간절하게 진술하였습니다. (중략) 일본 메이지 국왕의 정치를 정법(政法)으로 삼으시기를 간청하는 바입니다. 그 핵심은 제도국을 열고 헌법을 정하는 것입니다.-「상청제제육서」]이 일어났습니다. 입헌군주제, 과거제 개혁, 신교육, 상공업 진흥 등을 추진하였지만 서태후 등 보수파들이 반대하여 100여 일 만에 실패로 끝이 났습니다. 이후 중국에 대한 열강의 이권 침탈이 심화되고, 크리스트교가 확산되자 부청멸양(청 왕조를 도와 서양 세력들을 몰아내자!)을 내세운 의화단 운동(1899~1901)이 일어났습니다. 의화단은 열강의 침략 도구라고 판단한 철도를 파괴하고, 크리스트교 교회당을 공격하였습니다. 이에 열강들의 연합군이 진압에 나서 의화단 운동은 실패로 끝났습니다. 그 결과 신축 조약(1901)이 맺어졌는데, 베이징에 외국 군대 주둔, 배상금 지불 등을 핵심 내용으로 합니다.

쑨원은 삼민주의(민족-청 왕조 타도, 민권-공화정 수립, 민생-민생 안정)를 주장하며 청 왕조를 타도하고 공화정을 수립하려고 하였습니다. 1911년 전국 각지에서 철도 국유화(청 왕조가 민영 철도를 국유화하려고 함) 반대 운동이 일어나고, 특히 우창에서는 신군이 봉기하였습니다. 이를 계기로 쑨원은 1912년 1월 1일 난징을 수도로 한 중화민국을 수립하고 임시 대총통에 취임하였는데, 이를 신해혁명(1911년에서 1912년 초까지는 신해년이죠)이라고 합니다. 청 왕조는 위안스카이를 보내 혁명군을 진압하려고 하였으나 위안스카이는 오히려 혁명군과 타협하고 청 왕조를 몰아내고 대총통에 취임하였습니다. 그러나 위안스카이는 스스로 황제에 오르기 위해 제정의 부활을 시도하던 중 1916년 사망하였습니다. 신해혁명은 주변 국가의 민족 운동에도 영향을 주었는데, 외몽골 지역이 중국으로부터 독립 선언을 하였고, 베트남의 판보이쩌우는 광저우에서 베트남 광복회를 조직하였습니다. 또한 한국의 신규식은 신해혁명 소식을 듣고 중국에 건너가 신해혁명에 동참하기도 하였습니다.

신규식

우창 봉기를 시작으로 신해혁명이 일어났다는 소식을 듣고 나는 중국으로 건너가 이 혁명에 참여하였습니다.

판보이쩌우

프랑스에 맞서 싸우던 나는 신해혁명이 일어나자 베트남 광복회를 결성하고, 쑨원을 만나 베트남 독립 운동 지원을 요청하였습니다.

고종은 1896년 아관파천으로 러시아 공사관에 머무르다가 1897년 경운궁으로 돌아와 대한제국을 선포하고 황제에 즉위하였습니다. 또한 광무개혁을 추진하였고, 1899년에는 대한국국제를 반포하여 황제에게 모든 권력을 집중시켰습니다. 이 시기 대표적인 민간의 활동은 서재필이 조직한 독립협회입니다. 서재필은 일본과 미국에서 망명 생활을 하다 귀국하여 가장 먼저 독

중화민국 수립 기념 달력

립신문을 만들어 민중을 계몽하였고, 독립협회를 조직하였습니다. 독립협회는 만민공동회를 개최하여 자주국권 운동, 자유민권 운동을 전개하고 의회설립 운동을 추진하기도 하였습니다.

1904년 한반도와 만주의 지배권을 두고 러시아와 일본이 러·일 전쟁을 시작하였습니다. 일본의 기습으로 시작된 전쟁은 뤼순 전투, 펑톈 전투, 동해 해전 등에서 일본군이 승리하면서 전쟁의 승기를 잡았습니다. 일본의 승리가 확실시되자 미국은 가쓰라·태프트 밀약으로 일본의 한반도 지배권을 인정하고, 영국은 제2차 영·일 동맹을 맺어 일본의 한반도 지배권을 승인하였습니다. 끝으로 러시아는 포츠머스 조약 [러시아는 일본이 한국에서 정치·군사·경제상으로 탁월한 이익을 가진다는 것을 인정하고, 일본이 한국에서 필요하다고 인정하는 지도·보호 및 감리의 조치를 취하는 데 이를 저지하거나 간섭하지 않을 것을 약정한다]으로 일본의 승리를 인정하였는데, 주요 내용은 일본의 한반도 지배권 인정, 랴오둥반도의 뤼순, 다롄 조차권 인정, 창춘 이남 철도 부설권 인정, 북위 50도 이남의 사할린 남부 할양 등입니다.

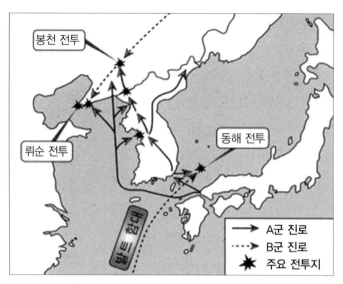

러·일 전쟁 전투 상황도: A군은 일본군, B군은 러시아군입니다.

　이후 일본은 대한제국을 무력으로 위협하여 을사조약을 맺고 보
호국으로 만들었습니다. 이에 일부는 의병 운동으로 일본에 맞서 싸웠
으며, 일부는 애국계몽 운동으로 저항했습니다. 그러나 1910년 일본은
한·일 병합조약을 강요하여 대한제국은 식민지로 전락하였습니다. 중
국과 베트남에서도 새로운 흐름이 나타났습니다. 예상을 깨고 일본이
러시아에 승리하자 아시아의 대표 일본이 서양의 최강국 러시아를 이
겼다는 생각에 일본을 모범생처럼 생각하는 사람들이 나타났습니다.
그래서 중국에서는 일본을 모델로 한 량치차오의 입헌파와 일본의 침
략에 맞서는 쑨원의 공화파가 대립하였고, 베트남에서는 판보이쩌우
를 중심으로 일본으로 유학생을 보내자는 동유 운동이 일어나기도 하
였습니다.
　제1차 세계대전에 미국이 1917년 참전하자 중국도 승전국이 되기

위해 참전을 선언하였습니다. 일본 역시 영국과 동맹을 맺은 상황이었기 때문에 독일에 선전포고를 하고 독일의 지배력이 강하던 칭다오를 차지하였습니다. 또한 독일의 식민지였던 태평양 적도 부근 섬들을 점령하고 1922년에는 이 섬들에 남양청을 설치하여 지배권을 강화하였습니다. 한편, 칭다오를 점령한 직후 일본은 위안스카이가 지배하는 베이징 정부에 '21개조 요구'[중국은 독일이 갖고 있는 산둥반도에 관한 권리를 양도할 것./ 뤼순, 다롄 조차 기한, 남만주 및 안봉 두 철도의 기한도 다시 99년 동안 연장할 것./ 중국은 중국 연안의 항만 및 도시를 타국에 양여하거나 대여하지 않을 것./ 중앙 정부에 정치, 재정 및 군사 고문으로 일본인을 초청할 것]를 강요하였습니다. 이것은 일본이 중국의 이권을 탈취하고 내정간섭하겠다는 의도를 노골적으로 드러낸 것이었습니다.

그러나 '21개조 요구'를 베이징 정부는 받아들였고, 파리 강화 회의(제1차 세계대전이 끝나자 열린 회의로 미국 윌슨 대통령의 민족자결주의 제창으로 패전국들의 식민지가 해방되었죠)에서는 중국의 산둥반도 권리 회복, '21개조 요구' 철폐 주장을 거부하고, 일본의 손을 들어주었죠. 이 소식이 중국에 알려지자 1919년 5월 4일부터 베이징 톈안먼 광장에서 학생들이 주도한 대규모 시위가 발생하였습니다. 이를 5·4운동이라고 합니다. 신해혁명 이후 천두슈 등은 『신청년』이라는 잡지를 발행하면서 유교 문화를 비판하고, 서양 과학과 민주주의를 내세우는 신문화 운동을 전개하였습니다.

이러한 신문화 운동의 결과와 한국에서 일어난 3·1 운동의 영향을 받아 일어난 것이 5·4 운동입니다[칭다오를 돌려주고 중국과 일본 사이의 밀약 및 군사 협정뿐만 아니라 기타 불평등 조약까지 취소하는 것이 바로 공리이고 정의입니다. 공리를 어기고 강권을 강요하여 우리의 토지를 다섯 나라가 공동 관리하여 우리를 독일이나 오스트리아와 같은 패전국 대열로 치부하는 것은 공리가 아니며 정의도 아닙니다. (중략) 산둥이 망하면 중국도 망합니다.-「베이징 학생계 선언」]. 결국 5·4운동에 놀란 베이징 정부는 파리 강화 회의의 조약에 대한 조인을 거부하였습니다. 5·4운동으로 각성한 쑨원은 중국 국민당을 결성하였으며, 5·4운동 이후 늘어난 공산주의자들은 1921년 중국 공산당을 결성하였습니다.

1921년부터 1922년까지 열린 워싱턴 회의에서는 일본의 팽창을 막기 위한 조치들이 이루어졌습니다[미국에서 열린 군비 제한 회의에서 열강들에 대한 해군력 제한으로 태평양 문제가 해결되었고, 동시에 중국 산둥반도에 대한 문제들도 대강 해결되었다. (중략) 이로 인하여 일본의 아시아 대륙에 대한 정책은 덧없는 꿈이 되었다.-『신한민보』]. 열강의 압박으로 일본은 산둥반도에 대한 권익을 중국에 반환하였고, '21개조 요구' 중 일부는 철회하였으며, 일본의 해군 군사력도 제한되었습니다. 그러나 일본이 독일로부터 빼앗은 태평양의 여러 섬들은 계속 지배할 수 있게 되었습니다. 워싱턴 회의에 불만을 가진 일본은 영·일 동맹을 해체하였습니다. 워싱턴 회의의 결과 자신들의 요구가 어느 정도 받아들여진 중국은 열강들에게 더욱 문호를 개방할 것과 중국에서의 기회를 균등히 제공할 것을 약속하였습니다. 하지만 관세 자주권 회복, 조차지 반환, 치외법권 철폐 등의 요구는 여전히 받아들여지지 않았습니다.

1924년 쑨원은 소련의 지원을 받아들이면서 중국 공산당과 힘을 합치게 되었습니다. 이를 제1차 국·공 합작이라고 합니다. 그런데 이듬해 쑨원이 사망하였고, 5·30 운동이 일어났습니다. 1925년 2월 상하이에서 파업 노동자가 피살당한 사건이 일어났고, 이에 대한 항의 시위가 확산되었습니다. 그러다가 5월 30일 영국 경찰의 발포 명령으로 시위하던 중국인 십여 명이 사망하는 사건이 발생하였습니다. 분노한 중국인들은 열강의 경찰들에게 저항하는 시위를 하며 반제국주의 운동을 벌여 나갔습니다. 이러한 중국인들의 분노를 이용하여 중국 국민당의 장제스는 국민혁명군을 조직하고 1926년 북벌을 시작하였습니다. 1927년 장제스는 중국 공산당을 탄압하는 4·12 쿠데타를 일으켜 제1차 국·공 합작이 붕괴되었습니다. 그리고 난징에 국민 정부를 수립한 장제스는 베이징을 점령하고 1928년 북벌에 성공하였습니다.

쑨원 선생님, 국민당과 공산당이 힘을 합치기로 하셨는데, 그 이유가 무엇입니까?

중국에서 일본 등 제국주의 열강들을 몰아내기 위해서는 하나의 중국으로 힘을 합쳐야 합니다.

일본은 러·일 전쟁 이후 도시 대중과 노동자들이 증가하면서 민주주의 발전을 요구하였습니다. 이러한 상황 속에서 1912년 다이쇼 천황이 즉위하였습니다. 1913년 일본 육군이 이른바 다이쇼 정변을 일으켜 가쓰라 내각을 내세워 군비 확장을 추진하였습니다. 그러나 야당과 대중들의 호헌 운동(호헌은 헌법을 수호하자는 뜻으로 정변으로 세워진 가쓰라 내각은 헌법을 위반한 것이라는 말이죠)으로 가쓰라 내각을 쫓아내고, '다이쇼 데모크라시'라는 민주주의 발전(25세 이상 남성의 보통 선거 제도 도입 등)이 이루어졌습니다.

    파리 강화 회의에서 논의된 민족자결주의의 영향으로 한국에서는 1919년 3·1 운동이 일어났습니다. 그 결과 일본은 가혹한 무단 통치에서 한국인을 기만하는 문화 통치로 통치 방식을 전환하였습니다. 또한 한국의 민족 운동가들은 3·1 운동의 성과를 바탕으로 상하이에 대한 민국 임시정부를 수립하였습니다. 이승만을 대통령으로 선출하여 민주 공화정을 채택하였으며, 이승만은 주로 미국에서 활동하며 외교 활동을 통한 독립을 추구하였습니다. 이와 달리 무장 투쟁을 추구한 독립군들은 1920년 봉오동 전투, 청산리 대첩으로 일본군에 큰 승리를 거두기도 하였습니다. 그러나 대패한 일본군이 복수하기 위해 벌인 간도 참변으로 많은 한국인들이 학살당하였습니다. 중국의 제1차 국·공 합작의 영향을 받아 한국에서도 민족 유일당 운동이 일어났습니다. 그 결과 1927년 신간회가 조직되었고, 1931년 해소될 때까지 민족주의계와 사회주의계가 좌우 합작한 민족 유일당으로 활동하였습니다.

03

//

일본의 침략 전쟁과
반전과 평화를 위한 노력

일본은 침략 전쟁 중에
동아시아에 큰 피해를
입혔습니다.

일본의 침략 전쟁 확대 과정

연도	사건
1931	만주 사변 도발
1937	중·일 전쟁 도발
1938	국가 총동원법 제정
1941	진주만 기습 공격
1945	연합국에 무조건 항복

1931년 일본이 만주사변을 일으키고 1932년 만주국을 수립하자 한국의 독립군과 중국군이 힘을 합쳐 일본군과 싸우는 한·중 연합 작전이 전개되었습니다. 남만주 지역에서는 조선 혁명군(양세봉 지휘)이 중국군과 함께 영릉가 전투, 흥경성 전투 등에서 승리를 거두었고, 북만

주 지역에서는 한국 독립군(지청천 지휘)이 쌍성보 전투, 대전자령 전투 등에서 승리하였습니다. 또한 중국 본토에서도 1932년 이봉창, 윤봉길의 의거를 계기로 대한민국 임시정부와 중국 국민당이 힘을 합치기 시작하였습니다. 그래서 결성된 비밀 결사 조직이 바로 한·중 민족 항일 대동맹입니다.

북벌에 성공한 장제스는 공산당 탄압을 더욱 강화하였습니다. 이를 피해 마오쩌둥은 중국 공산당을 이끌고 옌안으로 이동하는 '대장정(1934~1936)'을 하였습니다. 1936년에는 장쉐량이 시안을 방문한 장제스를 가두고 중국 국민당과 중국 공산당이 힘을 합쳐 항일 투쟁에 나설 것을 요구하는 시안 사건이 일어났습니다. 이에 장제스는 장쉐량의 요구를 받아들이고 풀려났습니다. 1937년 중·일 전쟁(베이징 교외의 루거우차오 부근에서 일본군과 중국군이 충돌한 사건을 구실로 일본이 베이징과 상하이를 공격하면서 시작됨)이 일어나 중국 전체를 차지하려는 일본의 침략이 시작되자 중국 국민당과 중국 공산당은 힘을 합쳐 제2차 국·공 합작을 맺었습니다. 그러나 일본은 1938년 국가 총동원법[제1조 본 법의 국가 총동원이란 전시에 국방 목적 달성을 위해 나라의 전력을 가장 유효하게 발휘시키도록 인적 및 물적 자원을 통제 운용하는 것을 말한다./ 제4조 정부는 전시에 국가 총동원상 필요할 때에는 칙령이 정하는 것에 의해 제국 신민을 징용하여 총동원 업무에 종사시킬 수 있다]을 제정하여 침략 전쟁에 일본인과 식민지인들에 대한 강제 동원을 본격화합니다.

이러한 흐름 속에 한국의 김원봉은 민족 혁명당을 결성하고, 중국 국민당 정부의 지원을 받아 조선 의용대를 창설하였습니다(1938). 이후 1942년 조선 의용대는 둘로 갈라졌습니다. 김원봉을 따르는 일부는 한국광복군에 편입되었고, 나머지 일부는 화북으로 이동하여 사회주의계 단체인 조선 독립 동맹과 조선 의용군을 조직하고, 중국 공산당과 함께 항일 투쟁을 전개하였습니다.

한편, 대한민국 임시정부는 1940년 충칭에 정착하자 중국 국민당 정부의 지원을 받아 한국광복군을 조직하였습니다. 1941년 태평양 전쟁이 일어나 미국이 참전하자 대일 선전 포고를 하고 연합국과 함께 일본군과 맞서 싸웠습니다[우리는 중화민국 국민과 합작하여 공동의 적인 일본 제국주의자들을 타도하기 위하여 연합군의 일원으로 항전을 계속하였다. 과거 30여 년간 일본이 우리 조국을 식민 지배하는 동안 우리 민족은 확고한 독립 정신으로 불명예스러운 노예 생활에서 벗어나기 위하여 무자비한 압박자에 대한 영웅적 항쟁을 계속하여 왔다. 중화 민족의 항전이 4개년에 도달한 이때, 우리는 큰 희망을 갖고 우리 조국의 독립을 위하여 우리의 전투력을 강화할 시기가 왔다고 확신한다.-「한국광복군 선언문」]. 특히 미국 전략 정보국(OSS)과 국내 진입 작전 계획을 세우고 침투 훈련을 하기도 하였습니다.

프랑스의 지배를 받던 베트남은 일본의 침략을 받자 항일 투쟁에 나섰습니다. 1941년 호찌민을 중심으로 좌우 합작 단체인 베트남 독립 동맹(베트민)이 결성되었으며, 1945년 일본이 항복하자 베트남 민주 공화국의 독립을 선언하였습니다.

현재 베트남 20000동 지폐 속 인물이 호찌민입니다.

이러한 침략 전쟁과 제국주의에 반대하는 반전사상이 러·일 전쟁을 계기로 일본에서 나타났습니다. 먼저 고토쿠 슈스이는 제국주의, 군국주의를 비판하고 러·일 전쟁에 반대하였으며, 우치무라 간조는 러·일 전쟁 중 전쟁 반대론을 주장하고 한국을 식민지로 만드는 것에 대해서도 반대하였습니다. 1907년에는 동아시아 최초의 반제국주의 국제 조직인 아주 화친회가 도쿄에서 결성되었는데, 여기에는 한국의 조소앙도 참여하였습니다. 1909년 이토 히로부미를 사살한 안중근은 뤼순 감옥에서 「동양 평화론」을 집필하여 동아시아의 평화를 위해 일본은 한국에 대한 침략을 포기하고 한·중·일 3국이 상호 협력할 것을 주장하였습니다.

또한 무정부주의(아나키즘. 한마디로 정부를 없애야 한다는 주장이죠. 모든 정치 조직, 권력을 없애서 인간의 자유와 평등을 추구한다는 주장입니다)가 등장해 일본 제국주의에 저항하는 활동이 나타나기도 하였습니다. 한국의 독립운동가들 중 신채호, 이회영, 박열 등은 각각 무정부주의자로서 활동하였으며, 중국의 류스페이, 바진 등도 무정부주의자였는데, 특히 바진은 한국, 일본의 무정부주의자들과 함께 일본의 침략에 대항하는 혁명전쟁을 주장하였습니다. 일본의 무정부주의자들인 고토쿠 슈스이, 오스기 사카에 등은 천황제에 반대하고, 반전 운동을 전개하기도 하였습니다.

일본의 침략 전쟁에 반대하며 반전 활동을 했던 일본인들이 있습니다. 대표적으로 후세 다쓰지는 박열(일본 황태자에게 폭탄 투척 계획을 세운 혐의로 구속된 무정부주의자이며 독립운동가)과 그 부인 가네코 후미코를 변호하였으며, 하세가와 데루는 상하이에서 일본의 침략 전쟁을 반대하는 방송을 하였습니다. 사이토 다카오는 중·일 전쟁 때 중의원 의원으로서 침략 전쟁에 반대하였습니다. 또 중·일 전쟁 중 중국의 포로가 된 일본군들은 일본 병사 반전 동맹을 결성하여 일본군에게 투항하거나 탈영할 것을 호소하였습니다.

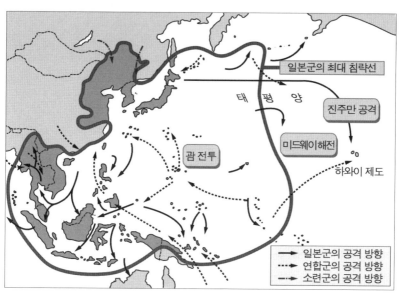

태평양 전쟁

04

서구 문물의
수용

19세기 후반부터 동아시아 각국에서는 사회진화론을 받아들이기 시작했습니다. 사회진화론은 생물진화론의 약육강식, 자연도태의 원리를 인간 사회에 적용하여 제국주의 침략을 정당화하는 논리로 이용되었습니다. 일본에서는 가토 히로유키가 강력한 민족 국가를 만들어 제국주의적 팽창을 해야 한다고 주장하고, 일본의 침략을 정당화하는 논리로 이용하였습니다. 특히 후쿠자와 유키치는 탈아론(일본이 아시아에서 이탈하여 서구 사회로 바뀌어야 한다는 주장)을 주장하여 일본이 제국주의 국가로 나아갈 것을 주장하였습니다[오히려 그 대오에서 탈피하여 서양의 문명국들과 진퇴를 같이하여 저 지나(支那, 청)와 조선을 대하는 법도 이웃 나라라고 해서 특별히 사이좋게 대우해 줄 것도 없고, 바로 서양인이 저들을 대하듯이 처분을 하면 될 뿐이다. 나쁜 친구를 사귀는 자는 더불어 오명을 피할 길이 없다. 우리는 마음속으로 아시아 동방의 나쁜 친구를 사절해야 한다.-후쿠자와 유키치, 『시사신보』].

변법자강운동에 실패한 청의 량치차오는 일본에 망명하여 사회진화론에 따라 자본주의적 문명화를 주장하였습니다. 국가의 생존과 부강을 위해서는 개인이 희생해야 한다는 주장까지 하였습니다. 조선의 유길준, 윤치호 역시 사회진화론에 따라 생존 경쟁에서 살아남기 위해 교육 등으로 실력을 양성해야 한다고 주장하였습니다[대개 인생의 만사가 경쟁에 의지하지 않는 일이 없으니 크게는 천하 국가의 일부터 작게는 한 몸 한 집안의 일까지 실로 다 경쟁으로 인해서 먼저 진보할 수 있는 바라. (중략) 만약 국가들 사이에 경쟁하는 바가 없으면 어떤 방법으로 그 광위(光威)와 부강을 증진할 수 있겠는가? 대개 경쟁이라는 것은 무릇 지혜를 연마하고 도덕을 닦는 일부터 문학, 기예, 농·공·상의 사업까지 사람마다 그 높고 낮음, 우열을 서로 비교하여 타인보다 초월하기를 욕심내는 일이라.-『서유견문』]. 베트남의 판보이 쩌우는 일본에서 량치차오를 만나 사회진화론에 따라 '세계는 강자와 약자의 싸움터'라는 인식을 갖게 되었습니다.

서구 열강이 침략 과정에서 만든 근대적 국제법을 '만국공법'이라고 합니다. 만국공법에 따르면 세계 각국은 문명국(서구 열강), 반문명국(청, 조선, 일본 등), 미개국(그 외의 나라들) 등 세 가지로 분류되며, 불평등한 국제 질서를 합리화하는 역할을 하였습니다. 먼저 청은 자신들이 세계의 중심이라는 중화 의식에 따라 만국공법을 받아들이기 주저하였습니다. 일본에서는 만국공법을 개항을 정당화하는 논리로 활용하였는데, 일본의 지도자들은 군사력 없이는 만국공법도 믿을 수 없다는 주장을 하였습니다.

한편, 조선에서는 개화파들이 만국공법의 질서에 참여할 것을 주장하였는데, 일본의 침략을 비판하는 외교 활동의 근거로도 활용하였습니다. 그러나 청·일 전쟁 때 약소국의 입장에서 만국공법의 한계성을 느끼기도 하였습니다.

서구 문물 중 가장 대표적인 것이 바로 신문입니다. 청에서는 『신보』, 『노스차이나 헤럴드』, 『시보』, 『대공보』 등이 개항장의 조계에서 발행되었습니다. 그러나 변법자강운동의 실패 후 신문 발행을 금지하기도 하였고, 등록제, 검열제 등으로 언론을 통제하였습니다. 신해혁명 이후에는 언론 자유가 확대되었으나 일부는 제한이 되었습니다.

일본에서는 에도 막부 때 최초의 일본어 민간 신문인 『신분시(新聞誌)』가 창간되었고, 메이지 유신 이후에 요코하마 개항장에서는 최초의 일간 신문인 『요코하마 마이니치 신문』이 발행되었습니다. 또한 『요미우리 신문』, 『아사히 신문』은 흥미 위주 오락적 기사로 유명하였고, 주간지 『헤이민 신문』은 러·일 전쟁을 반대하고 평화를 호소하였습니다.

조선에서는 최초의 신문인 『한성순보』가 발행되었고, 나중에는 국한문 혼용체로 『한성주보』가 발행되었습니다. 최초의 민간 신문인 『독립신문』은 한글판과 영문판이 발행되었으며, 민중을 계몽하고 국권을 지켜야 한다는 여론을 주도하였습니다. 『황성신문』, 『대한매일신보』는 민권 의식, 국권 의식, 항일 의식을 확산시키는 역할을 하였는데, 이에 통감부는 신문지법을 제정하여 허가제, 검열제로 언론을 탄압하였습니다.

동아시아 각국에서는 근대식 학교가 설립되었는데, 청에서는 베이징에 동문관이 설립되어 서양의 언어, 과학, 사상, 제도 등을 교육하였습니다. 청·일 전쟁 이후에는 일본의 근대 학제를 모방하여 중앙에 경사대학당, 지방에 중학당, 소학당 등을 설립하고, 유치원에서 대학교까지의 근대적 교육 제도를 마련하기도 하였습니다.

일본에서는 메이지 유신 이후 근대 학제를 제정하고 소학교 의무 교육을 실시하여 신분 차별, 남녀 차별 없이 모든 아동은 소학교에 입학하여 교육을 받아야 했습니다. 도쿄대학을 비롯한 전국 각지에 제국대학과 사립대학들이 설립되어 고등 교육이 이루어졌습니다. 특히 1890년에는 교육 칙어를 반포하여 가족적 국가관과 충효를 강조하고, 교육에 대한 통제를 강화하였습니다. 후쿠자와 유키치는 게이오 의숙을 설립하여 영어, 영미학 교육을 하였습니다.

조선에서는 갑오개혁 과정에서 교육입국조서가 반포되어 지·덕·체 교육을 강조하였으며, 소학교, 사범학교 등이 설립되었습니다. 또한 선교사, 애국계몽 운동가들이 근대식 학교를 설립하여 서양의 지식을 전파하고 국권 의식을 확산시켜 나갔습니다. 이에 통감부는 사립학교령을 만들어 사립학교들을 통제하였습니다.

동아시아 각국에서는 여성 교육도 발전하기 시작하였습니다. 청에서는 여성들의 모금을 통해 여학당을 설립하였으며, 전족과 같은 낡은 악습을 거부하는 운동을 벌였습니다. 일본에서는 남녀 차별 없이 소학교 의무 교육을 실시하였습니다. 또 부인교풍회가 결성되어 일부다처제 금지를 주장하고, 남녀가 평등한 가정을 만들어야 한다고 주장하였습니다. 조선에서는 주로 선교사들이 여학교를 설립하였습니다. 또한 여성 통문(여권 통문)을 발표하여 여성의 권리 확대를 주장하였으며, 찬양회 등이 여성 계몽 운동을 전개하기도 하였습니다.

동아시아 각국의 개항장에는 조계라는 외국인들의 거류지가 설치되었습니다. 또한 불평등 조약에 따라 외국인들은 치외법권을 인정받아 범죄를 저질러도 열강들이 파견한 영사들에게 재판을 받는 특권을 누렸습니다. 각국의 대표적인 개항장 도시들의 특징을 살펴보면 다음과 같습니다. 중국의 상하이는 열강의 조계 및 공동 조계가 설치되어 외국인들이 많이 사는 국제 도시로서 영국, 미국, 일본으로 연결되는 정기 항로가 개설되었습니다. 일본의 요코하마는 외국인 거류지나 차이나타운(외국인이 중국인을 고용하여 중국인들의 집단 거주지가 생겨났습니다)이 형성된 국제 도시였으며, 상하이, 싱가포르, 샌프란시스코 등과 연결되는 정기 항로가 개설되었습니다. 부산도 일본인의 거류지와 중국인들의 조계 등이 형성되었고, 시모노세키와 연락선을 운영하였습니다.

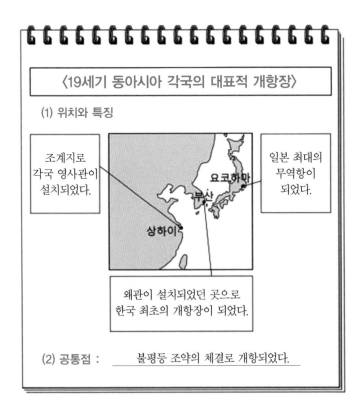

〈19세기 동아시아 각국의 대표적 개항장〉

(1) 위치와 특징

조계지로 각국 영사관이 설치되었다.

일본 최대의 무역항이 되었다.

요코하마

부산

상하이

왜관이 설치되었던 곳으로 한국 최초의 개항장이 되었다.

(2) 공통점 : ___불평등 조약의 체결로 개항되었다.___

동아시아 각국의 수도는 근대 도시로 발전하기 시작하였습니다. 일본의 에도는 도쿄로 이름이 바뀌어 긴자라는 서양식 거리가 생겨났으며, 근대 도시로 발전하였습니다. 대한제국은 한양을 한성으로 이름을 바꾸고, 황성 만들기 사업을 통해 근대적 도시로 만들어 나갔습니다.

근대적 시간관념이 나타나면서 동아시아 각국에는 시계탑이 등장하였습니다. 철도역 광장에는 시계탑이 세워졌으며, 손목시계가 점차 대중들에게 보급되었습니다. 근대적 시간관념은 평등을 더욱 확산시

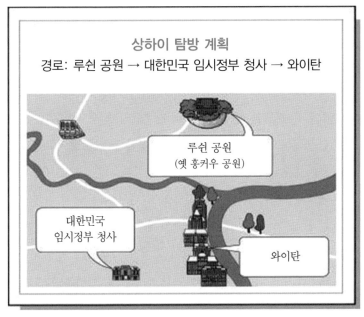

루쉰 공원은 옛 홍커우 공원으로 윤봉길이 폭탄을 던져 일본에 항거한 곳입니다. 대한민국 임시정부 청사는 프랑스 조계에 있었고, 와이탄은 영국 조계에 있었는데, 서양식 건축물이 모여 있는 곳입니다.

키기도 하였습니다. 기차, 전차는 정해진 시간에 맞춰 움직였기 때문에 누구나 시계를 보며 활동해야 했습니다[대감이 한 발을 승강구 계단 위에 올려놓고 자기 하인들에게 어떤 명을 내리면서 전차를 붙들려고 해도 양반을 몰라보는 이 무례한 전차는 아랑곳없이 떠나고 대감은 우두커니 길 위에 서 있을 수밖에 없었다.-『조선견문기』]. 동아시아에서는 오랫동안 시간을 음력으로 사용해 왔습니다. 가장 먼저 양력을 도입한 나라는 일본이었습니다. 1873년 태양력 사용을 시작하였고, 천황의 생일 등 경축일을 제정하였습니다. 조선에서는 일본의 강요에 따른 을미개혁 때 태양력을 도입하여 1896년 1월 1일부터 국가적으로 사용하기 시작하였습니다. 청 왕조는 계속 음력 사용을 유지하였으나 신해혁명으로 중화민국이 수립되면서 1912년 태양력 사용을 시작하였습니다.

철도는 처음에 열강의 침략 목적으로 부설되었으나 가장 빨리 육지에서 이동할 수 있는 교통수단이었기 때문에 사람들은 점차 편리한 문명의 이기로 생각하게 되었습니다. 1872년 일본은 도쿄와 요코하마 사이에 최초의 철도를 부설하였습니다. 러·일 전쟁 이후에는 일본의 동서를 연결하는 철도를 건설하였으며, 침략 목적으로 타이완, 조선, 만주에도 철도를 건설하였습니다.

청은 열강의 침략 목적에 주목하여 초기에는 철도 부설에 반대하였습니다. 청 정부는 이러한 분위기 속에 주권을 지킨다는 명분으로 철도를 사들인 후 파괴하기도 하였지만, 1889년부터는 열강의 자본과 기술을 본격적으로 도입하여 국가적으로 철도를 건설하였습니다[옛날에도 산천은 있었고,/ 수레와 배가 있었지./ 수레와 배는 이별을 싣고,/ 마음대로 가다 멈추었네./ 이제는 화륜선과 기차가/ 함께 이별의 슬픔을 만들지./ 짧은 순간임을 알지만 연연하도록 허락지 않네./ 시계 소리 울리면 잠시도/ 머물지 않는

다네.-황쭌센, 「금별리(今別離)」. 조선의 철도를 부설한 것은 일본이었습니다. 1899년 최초의 철도인 경인선이 부설되었고, 이후 부설된 경부선, 경의선은 러·일 전쟁 중 군사적으로 이용되었습니다. 이러한 침략 목적에 주목한 의병들은 철도를 파괴하고, 철도 공사장을 공격하였습니다.

태양력에 따라 정월 초하루를 고치되,
개국 504년 음력 11월 17일을
505년(1896) 1월 1일로 삼으라.

고종

VI

현대의 동아시아

01

//

제2차 세계대전의
전후 처리와 냉전 체제

제2차 세계대전이 막바지에 접어들면서 연합국은 전후 처리에 대한 회담을 시작하였습니다. 1943년 카이로 회담에는 미국, 영국, 중국이 참가하여 일본의 식민지들을 반환 또는 독립시킬 것을 결정하였습니다. 이와 함께 한국의 독립을 처음으로 약속하였으며, 인도차이나 지역은 신탁통치할 것을 결정하였습니다. 1945년 2월 얄타 회담에는 미국, 영국, 소련이 참가하여 소련이 대일전에 참전할 것을 결정하였고, 7월 포츠담 회담에는 미국, 영국, 중국, 소련(소련은 8월 참가)이 참가하여 일본의 무조건 항복을 요구하고, 일본의 영토를 본토와 작은 섬들로 제한할 것을 결정하였습니다. 또한 카이로 선언의 이행을 재확인하여 한국의 독립을 다시 약속하였습니다[카이로 선언은 이행되어야 하며, 또 일본국의 주권은 혼슈, 홋카이도, 규슈, 시코쿠 및 우리가 결정하는 여러 작은 섬에 국한될 것이다.-포츠담 선언].

일본이 항복을 거부하자 미국은 8월 초 일본 히로시마, 나가사키를 원자폭탄으로 공격하였으며, 소련군은 만주의 일본군을 공격하기 시작하였습니다. 더 이상 버틸 수 없었던 일본은 1945년 8월 15일 무조건 항복을 선언하였습니다[전쟁 상황은 호전되지 않고 세계의 대세도 우리에게 불리하다. 게다가 미국의 새로운 폭탄으로 많은 백성들이 피해를 입었으니, 짐이 무슨 수로 백성을 보호할 수 있겠는가. 이것이 제국 정부로 하여금 공동 선언에 응하도록 한 까닭이다.-「일본 천황 항복 선언」].

미군은 일본에 상륙하여 연합국 최고 사령부를 구성하여 일본을 통치하기 시작하였습니다. 그러나 천황이 '인간 선언'(천황은 신과 같은 존재였기 때문에 천황이 인간이라는 선언은 일본인들에게 큰 충격을 주었죠)을 하는 대신에 천황제를 유지하여 천황을 전범에서 제외시켰으며, 도쿄 전범 재판에서도 '평화에 반한 죄'를 저지른 A급 전범 25명을 심리하여 전쟁 중 총리였던 도조 히데키 등 대표적인 전범들만 사형을 하는 데 그쳤습니다. 또한 일본 평화 헌법[제9조 ① 일본 국민은 전쟁과 무력을 통한 위협과 무력의 행사를 국제 분쟁을 해결하는 수단으로서는 영구히 이를 포기한다. ② 전 항의 목적을 달성하기 위해 육·해·공군 및 기타의 전력을 보유하지 않는다]을 제정하게 하여 군사력 보유를 금지하고 주권재민, 인권 보호 등을 강화하였습니다.

한편, 중국에서는 일본의 항복 직후 중국 국민당과 중국 공산당이 내전을 벌이기 시작하였습니다. 이를 국·공 내전이라고 합니다. 처음에는 중국 국민당이 우세하였으나 친일파 처벌을 제대로 하지 않았고, 국민당 관료들의 부패로 물가 급등, 실업자 증가 등의 혼란이 발생하면서 민심이 이반하였습니다. 반면에 중국 공산당은 점령 지역의 토지 개혁을 약속하면서 농민들의 지지를 얻어 전세를 역전시켰습니다. 그 결과 1949년 중국 공산당이 승리하여 중화인민공화국이 수립되었

이 사진은 도쿄 전범 재판이 열리고 있는 모습입니다.
A급 전범 25명을 심리하여 전쟁 당시 수상 도조 히데키 등
일부에게만 사형을 선고하였습니다.

으며, 패배한 장제스는 타이완으로 이동하여 정권을 잡았습니다.

한국은 일본의 항복 직후 조선 건국 준비 위원회를 결성하여 건국을 준비해 나갔습니다. 그러나 38도선을 경계로 남한은 미군이, 북한은 소련군이 주둔하며 군정을 실시하였습니다. 1945년 12월 모스크바 3국 외무장관 회의에서 한국에 대한 신탁통치를 최대 5년간 실시할 것을 결정하자, 우익은 신탁 반대, 좌익은 신탁 찬성으로 나뉘어 갈등이 심화되었습니다. 결국 1948년 남한과 북한은 각각 정부를 수립하여 분단되었습니다.

1950년 6월 25일 북한은 남침을 시작하였고, 유엔은 안전보장이사회를 열어 유엔군 파견을 결정하였습니다. 한국군은 낙동강 전선까지 후퇴하였지만 북한군의 침략을 막아 냈고, 9월에는 인천상륙작전의 성공으로 서울을 수복하였습니다. 10월 한국군과 유엔군의 북진으로 압록강까지 진격하였지만 중국군의 개입으로 1951년 서울을 다시 빼앗겼습니다(1·4 후퇴). 이후 다시 북진하여 38도선 부근에서 전선은 교

미국 트루먼 대통령

나는 공산 세력이
확대되는 것을
막아 낼 것입니다.

중국에서 국민당과 공산당 사이에 국·공 내전이 발생하고, 소련이 동유럽을 공산화하고 있는 상황 속에서 트루먼 독트린이 발표되었습니다.

착 상태에 빠졌습니다. 1951년 7월부터 정전 회담이 시작되어 1953년 7월 27일 정전 협정이 체결되어 전쟁은 끝이 났습니다.

6·25전쟁의 결과 한국은 미국과 한·미 상호 방위 조약을 체결하여 북한의 침략에 대비하였습니다. 미국은 일본과 미·일 안전 보장 조약을 체결하여 오키나와 미군 기지를 중심으로 한 군사적 방공망을 구축하였습니다. 특히 중국, 북한의 공산화와 6·25전쟁은 일본을 반공 기지로 만드는 원인이 되었습니다. 그래서 미국은 일본의 경제 재건을 적극적으로 지원하기 시작하였으며, 침략 전쟁 당시의 고위 관료들도 사면하는 등 보수 세력과 결탁하였습니다. 6·25전쟁 발발 직후에는 자위대의 출발점인 경찰 예비대를 창설하기도 하였습니다[이 정령은 일본의 평화와 질서를 유지하여 공공의 복지를 보장하는 데 필요한 한도 내에서 국가지방 경찰 및 자치체 경찰의 경찰력을 보충하기 위해 경찰 예비대를 설치하여 그 조직 등에 관련해 규정할 것을 목적으로 한다.-「일본 경찰 예비대법」].

일본은 샌프란시스코 강화 조약[1951. 일본과 각 연합국과의 전쟁 상태는 현 조약이 시행되는 날부터 중지된다. 연합국은 일본과 그 영해에 대한 일본 국민의 완전한 주권을 인정한다. 일본은 한국의 독립을 승인하고 제주도, 거문도 및 울릉도를 포함한 한국에 대한 모든 권리·권원 및 청구권을 포기한다]으로 주권을 회복하였고, 6·25전쟁 특수(조선 특수)로 경제 대국으로 성장하는 발판을 마련하였습니다. 또한 타이완은 미국의 지지를 받으며, 일본과도 평화 조약을 체결하였습니다. 한편, 중국은 북한과 동맹을 강화하는 등 사회주의 국가들과 아시아 국가들 사이에서 영향력이 강화되었습니다.

베트남은 일본의 항복 직후 베트남 민주 공화국을 수립하고 1946년 프랑스와 독립 전쟁을 벌이기 시작하였습니다. 1954년 디엔비엔푸 전투를 계기로 독립 전쟁에서 승리한 베트남은 제네바 협정을 맺고, 북위 17도선을 경계로 남북으로 분단되었습니다. 이때 2년 이내에 총선거를 실시하여 통일 정부를 수립할 것을 약속하였죠. 하지만 1955년 미국의 지원을 받는 남베트남의 응오딘지엠이 단독 선거를 실시하여 베트남 공화국을 수립하였습니다. 1960년에는 호찌민의 북베트남 정부가 지원하는 베트콩(남베트남 민족 해방 전선)이 결성되어 남베트남 정부와 투쟁하기 시작하였습니다.

동아시아 신문

특별 기고: 베트남의 현대사

베트남은 제네바 협정(1954)에 따라 북위 17도선을 경계로 남북으로 분단되었다. 북베트남에 공산주의 정권이 수립되자 미국은 남베트남을 지원하면서 베트남 전쟁에 개입하였다. 또한 미국의 우방인 한국, 오스트레일리아, 타이 등이 군대를 파병하였다.

하노이

북위 17도선

사이공

〈남북의 대립〉

1964년 통킹만 사건(북베트남이 미 군함을 공격하였다고 미국이 주장한 사건)을 조작하여 미국이 베트남 전쟁에 개입하였습니다. 미국의 우방인 한국, 오스트레일리아, 타이 등이 남베트남을 돕기 위해 파병하였으며, 일본은 미군에게 일본의 기지와 시설을 제공하였고, 야당인 사회당 등은 이에 반대하는 평화 운동을 전개하기도 하였습니다. 반대로 중국, 소련, 북한은 북베트남을 지원하였습니다. 특히 중국은 라오스와 캄보디아를 통해 베트콩에게 무기와 물자 등을 지원하였습니다.

전쟁이 장기화되면서 미군 희생자가 늘어나고 군사비가 눈덩이처럼 불어나자 미국에서는 반전 운동이 일어났습니다. 당시 미국 닉슨 대통령은 이른바 '닉슨 독트린(1969)'을 발표하고, 이후 중국이 유엔에 가입하였습니다(1971). 그러자 닉슨 대통령은 중국을 방문(1972)하여 냉전을 완화하기 시작하였습니다. 결국 1973년 파리 평화 협정[제5조 협정이 조인된 날부터 60일 이내에 미국과 그 외 동맹국들의 군인, 군사 고문단, 군 기술자 및 여타 군무원은 남베트남에서 완전히 철수한다. 제6조 남베트남에 있는 미국과 그 외 동맹국들의 군사기지는 협정이 조인된 날부터 60일 이내에 철거한다]을 체결하여 베트남에서 미군이 철수할 것을 결정하였습니다. 1975년 북베트남이 대공세로 남베트남의 수도 사이공을 점령하였고, 이듬해 베트남 사회주의 공화국이 수립되었습니다. 이후 베트남은 캄보디아를 일시 점령하기도 하고, 라오스에 간섭하는 등 주변국에 영향력을 강화하였습니다. 1979년에는 중국과 베트남 사이에 영토 분쟁, 사회주의 이념 분쟁이 일어나 중국의 침략으로 베트남·중국 전쟁이 벌어졌지만 중국의 패배로 끝이 났습니다.

동아시아 각국은 수교를 맺어 교류하고 있습니다. 가장 먼저 수교한 것은 일본과 타이완입니다. 1952년 일·화 평화 조약을 맺었으나 1972년 중·일 공동 성명[일본은 과거 일본국이 전쟁으로 중국 국민에게 중대한 손해를 입힌 것에 책임을 통감하고 깊이 반성한다. 이 성명이 공포된 날부터 중화인민공화국과 일본 사이에 지금까지의 비정상적 상태가 종식되었음을 선포한다./ 일본 정부는 중화인민공화국 정부가 중국의 유일한 합법 정부임을 승인한다]으로 중·일 수교가 이루어지면서 일본과 타이완은 수교가 단절되었습니다. 중국은 이 성명에 따라 일본에 대한 전쟁 배상 요구를 포기하였습니다. 한국은 1965년 일본과 한·일 기본 조약[1910년 8월 22일 및 그 이전에 대한제국과 일본 간에 체결된 모든 조약 및 협정이 이미 무효임을 확인한다]을 맺어 독립 축하금, 무상 공여, 유상 차관 등으로 자금을 받았으나 식민지 침략에 대한 사과와 배상금은 받지 못했습니다. 이 때문에 한국에서는 6·3 시위가 발생하는 등 대일 굴욕 외교에 저항하였습니다. 6·25전쟁으로 사이가 나빴던 한국과 중국은 1992년 한·중 수교를 맺었고, 이에 타이완은 한국과 단교하였습니다. 북한은 2002년 일본과 수교를 추진하던 과정에서 일본인 납치, 핵 개발 문제 등이 불거져 수교에 실패하였습니다. 또한 미국은 중국과 1979년 수교하였고, 타이완과는 단교하였습니다.

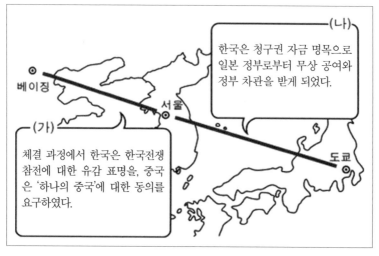

(가)는 한·중 수교, (나)는 한·일 기본 조약입니다.

02

동아시아의
경제, 정치, 사회의 변화

일본은 1950년대 초 6·25전쟁 특수로 경제 발전의 토대를 마련하였으며, 1960년대에는 베트남 전쟁 특수로 경제 호황을 누렸습니다. 1970년대에는 제1, 2차 석유 파동으로 경제 성장이 주춤하다가 1980년대에는 경제 대국으로 최고 전성기를 누렸습니다. 그러나 1990년대부터 부동산 가격과 주가가 폭락하면서 실업률 증가 등 장기 불황을 겪고 있습니다.

한편, 타이완은 중소기업 중심으로 경제가 발전하여 '아시아의 네 마리 용(한국, 타이완, 싱가포르, 홍콩)' 중 하나로 성장하였지만 2000년대부터는 마이너스 성장으로 돌아서 경제가 침체되었습니다.

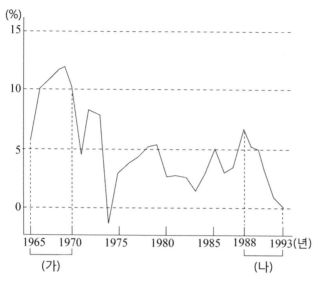

(가)   (나)

위 그래프는 일본의 경제 성장률 변화 과정입니다. (가) 시기는 베트남 전쟁 특수로 경제 성장률이 높았고, (나) 시기는 주가와 부동산 가격이 폭락하여 경제가 침체되어 경제 성장률이 낮았습니다.

한국은 1950년대에는 미국의 원조 물자를 가공하는 소비재 공업이 발전하였습니다. 1960년대에는 한·일 수교에 따른 자금이 들어와 경제 개발에 사용되었고, 베트남 전쟁 특수로 경제가 발전하기 시작하였습니다. 1970년대에는 중화학 공업이 발전하기 시작하였으나 제1, 2차 석유 파동으로 경제적 위기에 처하기도 하였습니다. 1980년대에는 3저 호황(저금리, 저유가, 저달러)으로 높은 경제 성장률을 기록하였습니다. 그러다가 1997년 외환 위기가 발생하였으나 단기간에 극복하였습니다.

중국은 중화인민공화국 수립 이후 토지 개혁으로 농민들에게 토지를 분배하였고, 주요 기업은 국영화하였습니다. 마오쩌둥은 1958년부터 대약진 운동('많이, 빨리, 질 좋게, 낭비 없이 건설한다'는 구호를 내세움)을 실시하였습니다. 대부분의 농민들을 인민공사에 가입시켜 농업 집단화를

역사 인물 카드

- 이름: **마오쩌둥**
- 생몰 연대: **1893~1976**
- 주요 활동
  - 중국 공산당을 이끌고 대장정
  - 중화인민공화국의 초대 주석
  - 대약진 운동 추진
  - 문화대혁명 주도

추진하였지만 오히려 생산력은 저하되었습니다. 또 철강 생산을 늘리기 위해 벽돌로 쌓아 만든 재래식 용광로를 곳곳에 설치하고, 공장에서 일할 노동자들을 농민들 중에서 뽑게 되면서 농민의 감소로 농업 생산은 더욱 저하되었습니다. 결국 대약진 운동의 실패를 인정한 마오쩌둥은 1961년 권력에서 물러났습니다. 그러나 1966년 자신의 지지 세력인 홍위병을 톈안먼 광장에 동원하여 자본주의를 비판하며 문화대혁명을 일으켰습니다. 이러한 상황은 전국 각지로 퍼져 나갔으며, 이를 계기로 다시 권력을 장악한 마오쩌둥은 1976년 사망할 때까지 문화대혁명을 지속하였는데, 이 과정에서 정치적 혼란이 계속되었고, 경제는 극도로 침체되었습니다.

마오쩌둥 사망 후 권력을 장악한 덩샤오핑은 이른바 '흑묘백묘론'(검은 고양이든 흰 고양이든 쥐만 잘 잡으면 된다는 말로 실용주의 노선을 의미함)을 내세워 인민공사를 해체하는 등 개혁, 개방 정책을 추진하였습니다. 이후 중국은 고도성장을 계속하고 있으며, 2001년에는 세계무역기구에 가입하는 등 '세계의 공장' 역할을 하고 있습니다.

지도에 표시된 경제 특구의 목적은 외국 자본 유치입니다.

　　베트남은 베트남 전쟁 이후 사회주의 정책으로 농촌은 집단 농장으로 만들고, 상공업도 국영화하였습니다. 그 결과 경제는 극도로 침체되었는데, 이를 극복하기 위해 1980년대 이후 도이머이 정책(베트남어로 '도이'는 '바꾼다'는 뜻이고, '머이'는 '새롭다'는 뜻이므로 개혁, 개방 정책이라고 할 수 있죠)을 추진하면서 시장 경제를 일부 도입하여 경제 성장을 하고 있습니다.

　　북한은 1950년대 사회주의 경제 정책을 추진하여 농촌은 협동 농장으로 만들고, 국영 기업을 통해 경제 개발을 추진하였습니다. 그러나 1970년대 소련이 원조를 중단하고, 과도한 군사비 사용으로 경제 침체에 빠졌습니다. 1980년대에는 합영법을 제정하여 외국 자본을 유치하려는 노력도 하였고, 1990년대에는 경제특구 지정으로 부분 개방을 하였지만 동유럽 사회주의 국가들이 몰락하면서 경제 침체가 계속되었습니다. 그러다가 2000년대에는 금강산 관광 사업, 개성 공단 사업 등으로 남북 경제 교류 협력을 추진하였지만, 이후 핵 실험 등으로 국제적인 제재를 자초하고 있어서 경제 침체는 계속되고 있습니다.

중국의 고도성장으로 현재 한국은 중국의 주요 수출 대상국이며, 중국은 한국의 최대 교역국이고, 최대 투자 대상국입니다. 중국은 타이완의 최대 수출 대상국이 되었으며, 일본은 중국의 주요 투자국입니다. 또한 일본은 한국의 3대 수출 시장이면서 주요 투자 유치국이기도 합니다. 이와 같이 동아시아 각국은 긴밀한 경제 협력이 필요한 상황입니다. 그래서 동아시아를 경제적으로 통합하는 자유무역협정(FTA)이 추진되고 있기도 합니다. 그러나 역사적, 정치적 갈등이 계속되어 경제 통합의 장애물이 되고 있습니다.

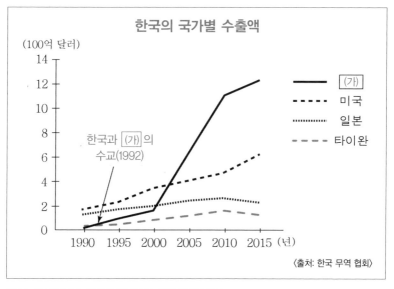

한국의 국가별 수출액

(100억 달러)

〈출처: 한국 무역 협회〉

(가)는 중국입니다. 현재 우리나라의 최대 교역국이죠.

일본은 1955년 이후 1993년까지 이른바 '55년 체제'가 유지되었습니다. 1955년 보수적인 자민당이 정권을 잡은 이후 제1야당인 사회당이 이를 견제하는 양당제가 40년 가깝게 지속되었습니다. 그러나 1990년대에 들어서 부동산, 주가의 거품이 꺼지면서 경제 불황이 시작되고 자민당의 부정부패가 드러나면서 다수의 자민당 의원들이 탈당하여 1993년 비자민당 연립 정권이 수립되었습니다. 이후 2009년에는 민주당이 단독으로 과반수를 차지하여 정권을 교체하였고, 2012년에는 자민당이 다시 집권하여 현재까지 유지되고 있는 상황입니다.

한국은 민주주의 발전의 현대사를 갖고 있습니다. 1960년 이승만 정부의 장기 집권에 저항한 4·19 혁명으로 내각책임제 개헌을 하였습니다. 그러나 1961년 박정희를 중심으로 한 5·16 군사 정변으로 집권한 박정희 정부가 1979년 10·26 사태로 박정희 대통령이 사망할 때까지 장기 집권하였습니다. 그 후 전두환을 중심으로 한 신군부가 12·12 사태로 권력을 차지하였습니다. 광주 시민들이 이에 5·18 민주화 운동으로 저항하였으나 무자비한 진압으로 많은 사상자가 발생하였습니다. 마침내 1987년 전두환 정부에 저항하는 시민들의 6월 민주 항쟁이 일어났고, 대통령 직선제 개헌을 이루어 냈습니다. 1998년 선거에 의한 최초의 여·야 정권 교체로 김대중 정부가 출범하였으며, 2000년에는 남북 정상 회담이 처음으로 이루어지기도 하였습니다.

장제스의 중국 국민당 정부는 타이완으로 이동한 후 장기 집권과 계엄령으로 국민의 자유를 제한하는 등 일당 독재 정치를 하였습니다. 그러던 중 1987년 계엄령이 해제되었으며, 이후 복수 정당제, 지방 자치제, 총통 직선제가 도입되었습니다. 2000년에는 천수이볜이 총통으로 당선되어 최초의 여·야 정권 교체가 이루어졌습니다.

중국에서는 1976년 마오쩌둥이 사망한 후 덩샤오핑의 개혁, 개방 정책으로 경제 발전을 이루고 있었습니다. 그 와중에 1989년 정치 개혁을 주장하던 사람들에게 신망이 높던 후야오방의 죽음을 계기로 베이징 톈안먼 광장에서 지식인들과 대학생들의 민주화 요구 시위가 벌어졌습니다. 그러나 군대를 동원한 유혈 진압으로 많은 사망자가 발생하면서 '톈안먼 시위'는 실패로 돌아갔습니다. 또한 청 왕조 때 영토로 확장된 티베트 자치구, 위구르 자치구 등에서는 현재도 독립을 주장하는 시위와 유혈 충돌이 일어나는 등 갈등이 계속되고 있습니다.

동아시아 각국에서는 현재도 역사 갈등과 영토 분쟁이 벌어지고 있습니다. 먼저 일본은 1982년 역사 교과서 왜곡을 시작으로 역사 갈등을 일으켰습니다. 2001년에는 '새로운 교과서를 만드는 모임'에서 역사 왜곡 교과서를 발행하여 일본의 침략 전쟁과 식민지 지배를 은폐하거나 미화하여 다시 역사 갈등을 불러왔습니다. 또한 일본의 우파 정치인들은 야스쿠니 신사 참배를 계속하여 침략 전쟁을 미화하는 행태를 이어 오고 있으며, 일본군 위안부 피해자들에 대한 사과와 배상을 계속 거부하고 있는 상황입니다. 한편, 중국은 동북공정이라는 역사 왜곡을 하고 있습니다. 동북공정이란 중국의 동북 지역, 즉 만주, 간도 지역의 고조선, 고구려, 발해의 역사를 중국사에 포함시키는 역사 왜곡을 말합니다.

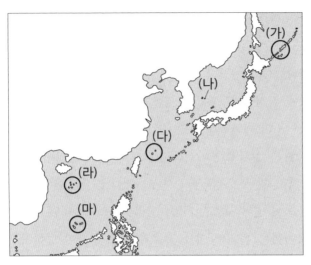

(가)는 쿠릴 열도 남부 4도(북방 4도), (나)는 독도, (다)는 센카쿠 열도(댜오위댜오),
(라)는 파라셀 군도(시사 군도), (마)는 스프래틀리 군도(난사 군도)입니다.

쿠릴 열도 남부의 4도는 현재 러시아 영토인데, 일본은 원래 일본
영토라고 주장하며 제2차 세계대전 패배 후 소련이 점령하고 있는 상
황이므로 반환을 요구하고 있습니다.

독도는 삼국 시대 이후로 한국의 영토였으며, 현재도 당연히 한국
의 영토입니다. 그러나 일본은 러·일 전쟁 중 불법적으로 영토를 편입
시켰던 것을 구실로 일본의 영토라고 주장하며 독도를 분쟁 지역으로
만들려고 하지만, 독도가 한국 영토라는 사실은 명백합니다.

센카쿠 열도는 현재 일본 영토입니다. 그런데 중국은 댜오위댜오라
고 부르며 중국의 영토라고 주장하며, 타이완 역시 타이완의 영토라고
주장하고 있습니다.

파라셀 군도는 원래 베트남이 지배하고 있었습니다. 그러나 중국은
베트남 전쟁 중 이 섬들을 점령하고 시사 군도라고 부르며 지배하고

있고, 베트남은 반환을 요구하고 있습니다.

스프래틀리 군도는 원래 베트남이 지배하고 있었는데, 1988년 중국에 의해 점령되어 난사 군도라고 부르며 현재 중국의 지배 아래 있습니다. 이 섬들에 대해서는 베트남, 말레이시아, 브루나이, 필리핀, 타이완이 영유권을 주장하고 있습니다.

이러한 역사 갈등 속에서도 동아시아 각국의 화해를 위한 노력은 계속되고 있습니다. 1993년 당시 일본 관방방관이었던 고노 장관이 침략 전쟁 당시 일본군이 여성들을 군용 성매매 업소에 위안부로 종사하도록 강요했음을 인정한 것을 '고노 담화'라고 합니다. 이어 1995년 당시 일본 총리였던 무라야마 총리가 일본이 침략 전쟁으로 식민 지배를 한 것에 대해 공식적으로 사죄한 것을 '무라야마 담화'라고 합니다. 또한 공동 역사 교재를 발간하고, 청소년 교류를 활성화하는 등의 동아시아 국가들 사이의 화해를 위한 노력도 계속되고 있습니다.

삶의 행복을 꿈꾸는 교육은 어디에서 오는가?

교육혁명을 앞당기는 배움책 이야기 혁신교육의 철학과 잉걸진 미래를 만나다!

한국교육연구네트워크 총서

 01 핀란드 교육혁명
한국교육연구네트워크 엮음 | 320쪽 | 값 15,000원

 02 일제고사를 넘어서
한국교육연구네트워크 엮음 | 284쪽 | 값 13,000원

 03 새로운 사회를 여는 교육혁명
한국교육연구네트워크 엮음 | 380쪽 | 값 17,000원

 04 교장제도 혁명
한국교육연구네트워크 엮음 | 268쪽 | 값 14,000원

 05 새로운 사회를 여는 교육자치 혁명
한국교육연구네트워크 엮음 | 312쪽 | 값 15,000원

 06 혁신학교에 대한 교육학적 성찰
한국교육연구네트워크 엮음 | 308쪽 | 값 15,000원

 07 진보주의 교육의 세계적 동향
한국교육연구네트워크 엮음 | 324쪽 | 값 17,000원
2018 세종도서 학술부문

 08 더 나은 세상을 위한 학교혁명
한국교육연구네트워크 엮음 | 404쪽 | 값 21,000원
2018 세종도서 교양부문

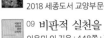 09 비판적 실천을 위한 교육학
이윤미 외 지음 | 448쪽 | 값 23,000원
2019 세종도서 학술부문

 10 마을교육공동체운동:
세계적 동향과 전망
심성보 외 지음 | 376쪽 | 값 18,000원

한국교육연구네트워크 번역 총서

 01 프레이리와 교육
존 엘리아스 지음 | 한국교육연구네트워크 옮김
276쪽 | 값 14,000원

 02 교육은 사회를 바꿀 수 있을까?
마이클 애플 지음 | 강희룡·김선우·박원순·이형빈 옮김
356쪽 | 값 16,000원

 03 비판적 페다고지는
세상을 변화시킬 수 있는가?
Seewha Cho 지음 | 심성보·조시화 옮김 | 280쪽 | 값 14,000원

 04 마이클 애플의 민주학교
마이클 애플·제임스 빈 엮음 | 강희룡 옮김 | 276쪽 | 값 14,000원

 05 21세기 교육과 민주주의
넬 나딩스 지음 | 심성보 옮김 | 392쪽 | 값 18,000원

 06 세계교육개혁:
민영화 우선인가 공적 투자 강화인가?
린다 달링-해먼드 외 지음 | 심성보 외 옮김 | 408쪽 | 값 21,000원

 07 콩도르세, 공교육에 관한 다섯 논문
니콜라 드 콩도르세 지음 | 이주환 옮김 | 300쪽 | 값 16,000원
2019 세종도서 학술부문

 혁신학교
성열관·이순철 지음 | 224쪽 | 값 12,000원

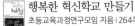 행복한 혁신학교 만들기
초등교육과정연구모임 지음 | 264쪽 | 값 13,000원

 서울형 혁신학교 이야기
이부영 지음 | 320쪽 | 값 15,000원

 혁신교육, 철학을 만나다
브렌트 데이비스·데니스 수마라 지음
현인철·서용선 옮김 | 304쪽 | 값 15,000원

 대한민국 교사, 어떻게 가르칠 것인가?
윤성관 지음 | 320쪽 | 값 15,000원

 아이들을 어떻게 가르칠 것인가
사토 마나부 지음 | 박찬영 옮김 | 232쪽 | 값 13,000원

 모두를 위한 국제이해교육
한국국제이해교육학회 지음 | 364쪽 | 값 16,000원

 경쟁을 넘어 발달 교육으로
현광일 지음 | 288쪽 | 값 14,000원

비고츠키 선집 시리즈 발달과 협력의 교육학 어떻게 읽을 것인가?

 생각과 말
레프 세묘노비치 비고츠키 지음
배희철·김용호·D. 켈로그 옮김 | 690쪽 | 값 33,000원

 도구와 기호
비고츠키·루리야 지음 | 비고츠키 연구회 옮김
336쪽 | 값 16,000원

 어린이 자기행동숙달의 역사와 발달 I
L.S. 비고츠키 지음 | 비고츠키 연구회 옮김
564쪽 | 값 28,000원

 어린이 자기행동숙달의 역사와 발달 II
L.S. 비고츠키 지음 | 비고츠키 연구회 옮김
552쪽 | 값 28,000원

 어린이의 상상과 창조
L.S. 비고츠키 지음 | 비고츠키 연구회 옮김
280쪽 | 값 15,000원

 비고츠키와 인지 발달의 비밀
A.R. 루리야 지음 | 배희철 옮김 | 280쪽 | 값 15,000원

 수업과 수업 사이
비고츠키 연구회 지음 | 196쪽 | 값 12,000원

 비고츠키의 발달교육이란 무엇인가?
비고츠키교육학실천연구모임 지음 | 412쪽 | 값 21,000원

 **비고츠키 철학으로 본
핀란드 교육과정**
배희철 지음 | 456쪽 | 값 23,000원

 성장과 분화
L.S. 비고츠키 지음 | 비고츠키 연구회 옮김
308쪽 | 값 15,000원

 연령과 위기
L.S. 비고츠키 지음 | 비고츠키 연구회 옮김
336쪽 | 값 17,000원

 의식과 숙달
L.S 비고츠키 | 비고츠키 연구회 옮김
348쪽 | 값 17,000원

 분열과 사랑
L.S. 비고츠키 지음 | 비고츠키 연구회 옮김
260쪽 | 값 16,000원

 성애와 갈등
L.S. 비고츠키 지음 | 비고츠키 연구회 옮김
268쪽 | 값 17,000원

 관계의 교육학, 비고츠키
진보교육연구소 비고츠키교육학실천연구모임 지음
300쪽 | 값 15,000원

 비고츠키 생각과 말 쉽게 읽기
진보교육연구소 비고츠키교육학실천연구모임 지음
316쪽 | 값 15,000원

 교사와 부모를 위한 비고츠키 교육학
카르포프 지음 | 실천교사번역팀 옮김 | 308쪽 | 값
15,000원

 혁신교육 존 듀이에게 묻다
서용선 지음 | 292쪽 | 값 14,000원

 다시 읽는 조선 교육사
이만규 지음 | 750쪽 | 값 33,000원

 대한민국 교육혁명
교육혁명공동행동 연구위원회 지음 | 224쪽 | 값 12,000원

 독일 교육, 왜 강한가?
박성희 지음 | 324쪽 | 값 15,000원

 핀란드 교육의 기적
한넬레 니에미 외 엮음 | 장수명 외 옮김 | 456쪽 | 값
23,000원

 한국 교육의 현실과 전망
심성보 지음 | 724쪽 | 값 35,000원

4·16, 질문이 있는 교실 마주이야기 통합수업으로 혁신교육과정을 재구성하다!

통하는 공부
김태호·김형우·이경석·심우근·허진만 지음
324쪽 | 값 15,000원

내일 수업 어떻게 하지?
아이함께 지음 | 300쪽 | 값 15,000원
2015 세종도서 교양부문

인간 회복의 교육
성래운 지음 | 260쪽 | 값 13,000원

교과서 너머 교육과정 마주하기
이윤미 외 지음 | 368쪽 | 값 17,000원

수업 고수들
수업·교육과정·평가를 말하다
박현숙 외 지음 | 368쪽 | 값 17,000원

도덕 수업, 책으로 묻고 윤리로 답하다
울산도덕교사모임 지음 | 320쪽 | 값 15,000원

체육 교사, 수업을 말하다
전용진 지음 | 304쪽 | 값 15,000원

교실을 위한 프레이리
아이러 쇼어 엮음 | 사람대사람 옮김 | 412쪽 | 값 18,000원

마을교육공동체란 무엇인가?
서용선 외 지음 | 360쪽 | 값 17,000원

교사, 학교를 바꾸다
정진화 지음 | 372쪽 | 값 17,000원

함께 배움
학생 주도 배움 중심 수업 이렇게 한다
니시카와 준 지음 | 백경석 옮김 | 280쪽 | 값 15,000원

공교육은 왜?
홍섭근 지음 | 352쪽 | 값 16,000원

자기혁신과 공동의 성장을 위한
교사들의 필리버스터
윤양수·원종희·장군·조경삼 지음 | 280쪽 | 값 14,000원

함께 배움 이렇게 시작한다
니시카와 준 지음 | 백경석 옮김 | 196쪽 | 값 12,000원

함께 배움 교사의 말하기
니시카와 준 지음 | 백경석 옮김 | 188쪽 | 값 12,000원

교육과정 통합, 어떻게 할 것인가?
성열관 외 지음 | 192쪽 | 값 13,000원

미래교육의 열쇠, 창의적 문화교육
심광현·노명우·강정석 지음 | 368쪽 | 값 16,000원

주제통합수업, 아이들을 수업의 주인공으로!
이윤미 외 지음 | 392쪽 | 값 17,000원

수업과 교육의 지평을 확장하는 수업 비평
윤양수 지음 | 316쪽 | 값 15,000원
2014 문화체육관광부 우수교양도서

교사, 선생이 되다
김태은 외 지음 | 260쪽 | 값 13,000원

교사의 전문성, 어떻게 만들어지나
국제교원노조연맹 보고서 | 김석규 옮김 392쪽 | 값
17,000원

수업의 정치
윤양수·원종희·장군 지음 | 280쪽 | 값 14,000원

학교협동조합,
현장체험학습과 마을교육공동체를 잇다
주수원 외 지음 | 296쪽 | 값 15,000원

거꾸로 교실,
잠자는 아이들을 깨우는 수업의 비밀
이민경 지음 | 280쪽 | 값 14,000원

교사는 무엇으로 사는가
정은균 지음 | 292쪽 | 값 15,000원

마음의 힘을 기르는 감성수업
조선미 외 지음 | 300쪽 | 값 15,000원

작은 학교 아이들
지경준 엮음 | 376쪽 | 값 17,000원

아이들의 배움은 어떻게 깊어지는가
이시이 쥰지 지음 | 방지현·이창희 옮김 | 200쪽 | 값
11,000원

대한민국 입시혁명
참교육연구소 입시연구팀 지음 | 220쪽 | 값 12,000원

교사를 세우는 교육과정
박승열 지음 | 312쪽 | 값 15,000원

전국 17명 교육감들과 나눈 교육 대담
최창의 대담·기록 | 272쪽 | 값 15,000원

들뢰즈와 가타리를 통해 유아교육 읽기
리세롯 마리엣 올슨 지음 | 이연선 외 옮김 | 328쪽 | 값
17,000원

학교 혁신의 길, 아이들에게 묻다
남궁상운 외 지음 | 272쪽 | 값 15,000원

프레이리의 사상과 실천
사람대사람 지음 | 352쪽 | 값 18,000원
2018 세종도서 학술부문

혁신학교, 한국 교육의 미래를 열다
송순재 외 지음 | 608쪽 | 값 30,000원

페다고지를 위하여
프레네의 『페다고지 불변요소』 읽기
박찬영 지음 | 296쪽 | 값 15,000원

노자와 탈현대 문명
홍승표 지음 | 284쪽 | 값 15,000원

선생님, 민주시민교육이 뭐예요?
염경미 지음 | 244쪽 | 값 15,000원

어쩌다 혁신학교
유우석 외 지음 | 380쪽 | 값 17,000원

미래, 교육을 묻다
정광필 지음 | 232쪽 | 값 15,000원

대학, 협동조합으로 교육하라
박주희 외 지음 | 252쪽 | 값 15,000원

입시, 어떻게 바꿀 것인가?
노기원 지음 | 306쪽 | 값 15,000원

촛불시대, 혁신교육을 말하다
이용관 지음 | 240쪽 | 값 15,000원

라운드 스터디
이시이 데루마사 외 엮음 | 224쪽 | 값 15,000원

미래교육을 디자인하는 학교교육과정
박승열 외 지음 | 348쪽 | 값 18,000원

흥미진진한 아일랜드 전환학년 이야기
제리 제퍼스 지음 | 최상덕·김호원 옮김 | 508쪽 | 값 27,000원
2019 대한민국학술원 우수학술도서

폭력 교실에 맞서는 용기
따돌림사회연구모임 학급운영팀 지음 | 272쪽 | 값 15,000원

그래도 혁신학교
박은혜 외 지음 | 248쪽 | 값 15,000원

학교는 어떤 공동체인가?
성열관 외 지음 | 228쪽 | 값 15,000원

학교 민주주의의 불한당들
정은균 지음 | 276쪽 | 값 14,000원

교육과정, 수업, 평가의 일체화
리사 카터 지음 | 박승열 외 옮김 | 196쪽 | 값 13,000원

학교를 개선하는 교장
지속가능한 학교 혁신을 위한 실천 전략
마이클 풀란 지음 | 서동연·정효준 옮김 | 216쪽 | 값 13,000원

공자뎐, 논어는 이것이다
유문상 지음 | 392쪽 | 값 18,000원

교사와 부모를 위한
발달교육이란 무엇인가?
현광일 지음 | 380쪽 | 값 18,000원

교사, 이오덕에게 길을 묻다
이무완 지음 | 328쪽 | 값 15,000원

낙오자 없는 스웨덴 교육
레이프 스트란드베리 지음 | 변광수 옮김 | 208쪽 | 값 13,000원

끝나지 않은 마지막 수업
장석웅 지음 | 328쪽 | 값 20,000원

경기꿈의학교
진흥섭 외 지음 | 360쪽 | 값 17,000원

학교를 말한다
이성우 지음 | 292쪽 | 값 15,000원

행복도시 세종, 혁신교육으로 디자인하다
곽순일 외 지음 | 392쪽 | 값 18,000원

나는 거꾸로 교실 거꾸로 교사
류광모·임정훈 지음 | 212쪽 | 값 13,000원

교실 속으로 간 이해중심 교육과정
온정덕 외 지음 | 224쪽 | 값 13,000원

교실, 평화를 말하다
따돌림사회연구모임 초등우정팀 지음 | 268쪽 | 값 15,000원

학교자율운영 2.0
김용 지음 | 240쪽 | 값 15,000원

학교자치를 부탁해
유우석 외 지음 | 252쪽 | 값 15,000원

국제이해교육 페다고지
강순원 외 지음 | 256쪽 | 값 15,000원

교사 전쟁
다나 골드스타인 지음 | 유성상 외 옮김 | 468쪽 | 값 23,000원

시민, 학교에 가다
최형규 지음 | 260쪽 | 값 15,000원

학교를 살리는 회복적 생활교육
김민자·이순영·정선영 지음 | 256쪽 | 값 15,000원

교사를 위한 교육학 강의
이형빈 지음 | 336쪽 | 값 17,000원

새로운학교 학생을 날게 하다
새로운학교네트워크 총서 02 | 408쪽 | 값 20,000원

세월호가 묻고 교육이 답하다
경기도교육연구원 지음 | 214쪽 | 값 13,000원

미래교육, 어떻게 만들어갈 것인가?
송기상·김성천 지음 | 300쪽 | 값 16,000원
2019 세종도서 교양부문

교육에 대한 오해
우문영 지음 | 224쪽 | 값 15,000원

혁신교육지구 현장을 가다
이용운 외 4인 지음 | 344쪽 | 값 18,000원

배움의 독립선언, 평생학습
정민승 지음 | 240쪽 | 값 15,000원

선생님, 페미니즘이 뭐예요?
염경미 지음 | 280쪽 | 값 15,000원

평화의 교육과정 섬김의 리더십
이준원·이형빈 지음 | 292쪽 | 값 16,000원

수포자의 시대
김성수·이형빈 지음 | 252쪽 | 값 15,000원

혁신학교와 실천적 교육과정
신은희 지음 | 236쪽 | 값 15,000원

삶의 시간을 잇는 문화예술교육
고영직 지음 | 292쪽 | 값 16,000원

혐오, 교실에 들어오다
이혜정 외 지음 | 232쪽 | 값 15,000원

혁신교육지구와 마을교육공동체는 어떻게 만들어지는가?
김태정 지음 | 376쪽 | 값 18,000원

선생님, 특성화고 자기소개서 어떻게 써요?
이지영 지음 | 322쪽 | 값 17,000원

학생과 교사, 수업을 묻다
전용진 지음 | 344쪽 | 값 18,000원

살림터 참교육 문예 시리즈 영혼이 있는 삶을 가르치는 온 선생님을 만나다!

꽃보다 귀한 우리 아이는
조재도 지음 | 244쪽 | 값 12,000원

성깔 있는 나무들
최은숙 지음 | 244쪽 | 값 12,000원

아이들에게 세상을 배웠네
명혜정 지음 | 240쪽 | 값 12,000원

밥상에서 세상으로
김홍숙 지음 | 280쪽 | 값 13,000원

우물쭈물하다 끝난 교사 이야기
유기창 지음 | 380쪽 | 값 17,000원

선생님이 먼저 때렸는데요
강병철 지음 | 248쪽 | 값 12,000원

서울 여자, 시골 선생님 되다
조경선 지음 | 252쪽 | 값 12,000원

행복한 창의 교육
최창의 지음 | 328쪽 | 값 15,000원

북유럽 교육 기행
정애경 외 14인 지음 | 288쪽 | 값 14,000원

시험 시간에 웃은 건 처음이에요
조규선 지음 | 252쪽 | 값 15,000원

교과서 밖에서 만나는 역사 교실 상식이 통하는 살아 있는 역사를 만나다

전봉준과 동학농민혁명
조광환 지음 | 336쪽 | 값 15,000원

남도의 기억을 걷다
노성태 지음 | 344쪽 | 값 14,000원

응답하라 한국사 1·2
김은석 지음 | 356쪽·368쪽 | 각권 값 15,000원

즐거운 국사수업 32강
김남선 지음 | 280쪽 | 값 11,000원

즐거운 세계사 수업
김은석 지음 | 328쪽 | 값 13,000원

강화도의 기억을 걷다
최보길 지음 | 276쪽 | 값 14,000원

광주의 기억을 걷다
노성태 지음 | 348쪽 | 값 15,000원

선생님도 궁금해하는 한국사의 비밀 20가지
김은석 지음 | 312쪽 | 값 15,000원

걸림돌
키르스텐 세룹-빌펠트 지음 | 문봉애 옮김
248쪽 | 값 13,000원

역사수업을 부탁해
열 사람의 한 걸음 지음 | 388쪽 | 값 18,000원

진실과 거짓, 인물 한국사
하성환 지음 | 400쪽 | 값 18,000원

우리 역사에서 사라진 근현대 인물 한국사
하성환 지음 | 296쪽 | 값 18,000원

꼬물꼬물 거꾸로 역사수업
역모자들 지음 | 436쪽 | 값 23,000원

즐거운 동아시아사 수업
김은석 지음 | 240쪽 | 값 15,000원

교과서 밖에서 배우는 역사 공부
정은교 지음 | 292쪽 | 값 14,000원

팔만대장경도 모르면 빨래판이다
전병철 지음 | 360쪽 | 값 16,000원

빨래판도 잘 보면 팔만대장경이다
전병철 지음 | 360쪽 | 값 16,000원

영화는 역사다
강성률 지음 | 288쪽 | 값 13,000원

친일 영화의 해부학
강성률 지음 | 264쪽 | 값 15,000원

한국 고대사의 비밀
김은석 지음 | 304쪽 | 값 13,000원

조선족 근현대 교육사
정미량 지음 | 320쪽 | 값 15,000원

다시 읽는 조선근대 교육의 사상과 운동
윤건차 지음 | 이명실·심성보 옮김 | 516쪽 | 값 25,000원

음악과 함께 떠나는 세계의 혁명 이야기
조광환 지음 | 292쪽 | 값 15,000원

논쟁으로 보는 일본 근대 교육의 역사
이명실 지음 | 324쪽 | 값 17,000원

다시, 독립의 기억을 걷다
노성태 지음 | 320쪽 | 값 16,000원

한국사 리뷰
김은석 지음 | 244쪽 | 값 15,000원

경남의 기억을 걷다
류형진 외 지음 | 564쪽 | 값 28,000원

더불어 사는 정의로운 세상을 여는 인문사회과학 사람의 존엄과 평등의 가치를 배운다

 밥상혁명
강양구·강이현 지음 | 298쪽 | 값 13,800원

 도덕 교과서 무엇이 문제인가?
김대용 지음 | 272쪽 | 값 14,000원

 자율주의와 진보교육
조엘 스프링 지음 | 심성보 옮김 | 320쪽 | 값 15,000원

 민주화 이후의 공동체 교육
심성보 지음 | 392쪽 | 값 15,000원
2009 문화체육관광부 우수학술도서

 갈등을 넘어 협력 사회로
이창언·오수길·유문종·신윤관 지음 | 280쪽 | 값 15,000원

 동양사상과 마음교육
정재걸 외 지음 | 356쪽 | 값 16,000원
2015 세종도서 학술부문

 교과서 밖에서 배우는 철학 공부
정은교 지음 | 280쪽 | 값 14,000원

 교과서 밖에서 배우는 사회 공부
정은교 지음 | 304쪽 | 값 15,000원

 교과서 밖에서 배우는 윤리 공부
정은교 지음 | 292쪽 | 값 15,000원

 한글 혁명
김슬옹 지음 | 388쪽 | 값 18,000원

우리 안의 미래교육
정재걸 지음 | 484쪽 | 값 25,000원

왜 그는 한국으로 돌아왔는가?
황선준 지음 | 364쪽 | 값 17,000원
2019 세종도서 교양부문

공간, 문화, 정치의 생태학
현광일 지음 | 232쪽 | 값 15,000원

인공지능 시대의 사회학적 상상력
홍승표 지음 | 260쪽 | 값 15,000원

동양사상과 인간 그리고 사회
이현지 지음 | 418쪽 | 값 21,000원

 좌우지간 인권이다
안경환 지음 | 288쪽 | 값 13,000원

 민주시민교육
심성보 지음 | 544쪽 | 값 25,000원

 민주시민을 위한 도덕교육
심성보 지음 | 500쪽 | 값 25,000원
2015 세종도서 학술부문

 교과서 밖에서 배우는 인문학 공부
정은교 지음 | 280쪽 | 값 13,000원

 오래된 미래교육
정재걸 지음 | 392쪽 | 값 18,000원

 대한민국 의료혁명
전국보건의료산업노동조합 엮음 | 548쪽 | 값 25,000원

 교과서 밖에서 배우는 고전 공부
정은교 지음 | 288쪽 | 값 14,000원

 전체 안의 전체 사고 속의 사고
김우창의 인문학을 읽다
현광일 지음 | 320쪽 | 값 15,000원

 카스트로, 종교를 말하다
피델 카스트로·프레이 베토 대담 | 조세종 옮김
420쪽 | 값 21,000원

 일제강점기 한국철학
이태우 지음 | 448쪽 | 값 25,000원

 한국 교육 제4의 길을 찾다
이길상 지음 | 400쪽 | 값 21,000원
2019 세종도서 학술부문

 마을교육공동체 생태적 의미와 실천
김용련 지음 | 256쪽 | 값 15,000원

평화샘 프로젝트 매뉴얼 시리즈 학교폭력에 대한 근본적인 예방과 대책을 찾는다

학교폭력 어떻게 만들어지는가
문재현 외 지음 | 300쪽 | 값 14,000원

아이들을 살리는 동네
문재현·신동명·김수동 지음 | 204쪽 | 값 10,000원

학교폭력, 멈춰!
문재현 외 지음 | 348쪽 | 값 15,000원

평화! 행복한 학교의 시작
문재현 외 지음 | 252쪽 | 값 12,000원

왕따, 이렇게 해결할 수 있다
문재현 외 지음 | 236쪽 | 값 12,000원

마을에 배움의 길이 있다
문재현 지음 | 208쪽 | 값 10,000원

젊은 부모를 위한 백만 년의 육아 슬기
문재현 지음 | 248쪽 | 값 13,000원

별자리, 인류의 이야기 주머니
문재현·문한뫼 지음 | 444쪽 | 값 20,000원

우리는 마을에 산다
유양우·신동명·김수동·문재현 지음 | 312쪽 | 값 15,000원

동생아, 우리 뭐 하고 놀까?
문재현 외 지음 | 280쪽 | 값 15,000원

누가, 학교폭력 해결을 가로막는가?
문재현 외 지음 | 312쪽 | 값 15,000원

남북이 하나 되는 두물머리 평화교육 분단 극복을 위한 치열한 배움과 실천을 만나다

10년 후 통일
정동영·지승호 지음 | 328쪽 | 값 15,000원

선생님, 통일이 뭐예요?
정경호 지음 | 252쪽 | 값 13,000원

분단시대의 통일교육
성래운 지음 | 428쪽 | 값 18,000원

김창환 교수의 DMZ 지리 이야기
김창환 지음 | 264쪽 | 값 15,000원

한반도 평화교육 어떻게 할 것인가
이기범 외 지음 | 252쪽 | 값 15,000원

창의적인 협력 수업을 지향하는 삶이 있는 국어 교실 우리말 글을 배우며 세상을 배운다

중학교 국어 수업 어떻게 할 것인가?
김미경 지음 | 340쪽 | 값 15,000원

토론의 숲에서 나를 만나다
명혜정 엮음 | 312쪽 | 값 15,000원

토닥토닥 토론해요
명혜정·이명선·조선미 엮음 | 288쪽 | 값 15,000원

인문학의 숲을 거니는 토론 수업
순천국어교사모임 엮음 | 308쪽 | 값 15,000원

어린이와 시
오인태 지음 | 192쪽 | 값 12,000원

수업, 슬로리딩과 함께
박경숙 외 지음 | 268쪽 | 값 15,000원

언어던
정은균 지음 | 268쪽 | 값 15,000원
2019 세종도서 교양부문

민촌 이기영 평전
이성렬 지음 | 508쪽 | 값 20,000원

감각의 갱신, 화장하는 인민
남북문학예술연구회 | 380쪽 | 값 19,000원

참된 삶과 교육에 관한
생각 줍기